ゼロから身について一生使える！

プレゼン資料作成見るだけノート

高橋佑磨　片山なつ　監修

宝島社

ゼロから身について一生使える！

プレゼン資料作成
見るだけノート

高橋佑磨　片山なつ　監修

宝島社

はじめに

いいデザイン ＝ 見る人に負担をかけない

　「デザイン」に自信がある、と言う人はそれほど多くないはずです。それでも、仕事でPowerPointを使って資料を作ったり、プレゼンテーションをしなければならなかったりする人はたくさんいます。そんなとき、デザインの知識が全くないまま資料を作っても、なかなか思うようにいきません。自分でも、「わかりにくいな、ちょっとダサいな」と感じているかもしれません。「どうすれば良いのかわからない」という人も少なくないでしょう。しかし、センスがない、時間がない、なんていう理由で、諦めないでください。デザインとは、見る人や読む人の負担を軽減したり、効率的に情報を伝達するための「技術（テクニック）」です。基本ルールを知識として身につけ、最低限のソフトの操作方法だけ覚えてしまえば、誰にでも習得できます。そうすれば資料作成の時間も短縮され、目に見えてプレゼン資料が整っていきます。

　世の中にはさまざまなタイプの資料がありますが、特に、PowerPointのプレゼンテーションスライドを作成す

る上で重要なポイントは、「見た瞬間に内容が大雑把にわかる」ことです。言い換えると、聴衆を「つまずかせない」「迷わせない」ということ。スライドは、読み手が自分のペースで読み進められる資料とは異なり、発表者のペースで進んでいってしまいます。なので、ページ内の構造がわかりにくかったり、文字を読み間違えたり、文章が読みにくかったりすると、聴衆は混乱して発表についていけなくなってしまいます。これでは、内容が良くても理解してもらうことができない、もったいないプレゼンになってしまいます。

　本書では、PowerPointスライドを作るときに役に立つデザインのルールが紹介されています。もちろん、デザイン上のすべてのルールが掲載されているわけではありませんが、文字の使い方からレイアウト、配色までバランスよく紹介されいます。また、色覚バリアフリーやユニバーサルデザインフォントなど、スライドのバリアフリー化について解説されていることも本書の特徴です。プレゼン資料作りにおけるデザインの悩みを少しでも解決できるような項目がたくさんあります。本書が皆さんのスライド作成のお役に立てることを願っています。

高橋佑磨・片山なつ

ゼロから身について一生使える！

プレゼン資料作成見るだけノート

Contents

はじめに 2

chapter01
1秒で伝わる資料デザインとは？

01 伝えたいことを届けるためには
プレゼン資料、ビジュアル 12

02 プレゼン資料は4つのパーツで構成する
スライド・ブリッジ、本編、
アペンディックス 14

03 本編はシンプルに残りはアペンディックスに
詳細データ、補足、リンク 16

04 見る人の気持ちになって資料を作る
情報量、整理、デザイン 18

05 メッセージを絞り込む
メッセージ、結論、根拠 20

06 結論をもったいぶるのはNG
ストーリー、マイナスイメージ、
テンポ 22

07 ロジックをシンプルに示す
現状分析、問題提起、ロジック
.... 24

08 捨てる勇気を持つ
根拠、マイナス評価、分数 26

09 無駄な要素はノイズとなる
空きスペース、ノイズ 28

10 アニメーションは使わない
アニメーション効果、デメリット、
印刷資料 30

11 重要度に応じて文字を目立たせる
文字の太さ、文字サイズ 32

12 色は2色まででシンプルに
統一感、使用カラー 34

13 色を意図的に使いこなす
色数、スポイト機能 36

14 ユニバーサルデザイン
カラーを選ぶ

色覚特性、色使い、コントラスト
.... 38

15 できる限り
"見える化"する

グラフ、表、写真、単純化 ····· 40

16 "見せる""読ませる"の
目的別書体選び

書体、明朝体、ゴシック体、
メイリオ、字面 ············ 42

17 文字は"ゆがめず"
"飾りすぎず"が正解

変形、飾り文字、袋文字 ······· 44

column01

プレゼン資料作成のために
覚えておきたい！
プレゼン用語集
～基本編～ ············ 46

chapter02
刺さる
メッセージの
入れ方とは？
....

01 レイアウトは「左から右」
「上から下へ」

ストーリー、レイアウト、流れ ····· 50

02 わかりやすいレイアウトは
4パターンある

発表者、Z型 ·················· 52

03 図やグラフは左
メッセージは右

ビジュアル ····················· 54

04 メッセージをタイトルに

キーメッセージ ·················· 56

05 小見出しを
デザインする

小見出し、インデント ··············· 58

06 余白を大切にする

余白 ························· 60

07 そろえて配置し
きれいに見せる
ズレ、左ぞろえ、グリッド線、
右端 …………… 62

08 グループ化で
読みやすくする
グループ化、関係性 …………… 64

09 行間・字間を美しく整える
行間、字間 …………………… 66

10 行長を整え改行も美しく
行長、改行 ………………… 68

11 フォントのユニバーサル
デザインとは
ユニバーサルデザイン、UD、
フォント、UD フォント ………… 70

12 囲みを使いこなす
囲み、楕円、キーメッセージ ⋯⋯ 72

13 文字の基礎知識
和文、明朝体、ゴシック体 …… 74

14 メイリオか游ゴシック、
ヒラギノ角ゴシックを使おう
メイリオ、游ゴシック、
ヒラギノ角ゴシック …………… 76

15 Windows なら
標準搭載の UD フォントも
Windows、BIZ UD フォント ⋯ 78

16 太字や斜体は
汚く見えることもある
太字、斜体 …………… 80

17 ベストな文字サイズとは?
文字サイズ、重要度 ………… 82

18 視線を誘導する矢印は
目立ちすぎない色で
矢印、変形 ………… 84

19 文字を強調しすぎない !!
下線、波線、記号 ………… 86

20 箇条書きを
読みやすくする
箇条書き、インデント、
グループ化 ………… 88

21 文字ばかりになったら
図解にチャレンジ
図解、関係性 …………………… 90

22 オブジェクトの
装飾効果は控えめに
オブジェクト機能、枠線、
塗り ………… 92

23 図解はシンプルに作る
オブジェクト、色数、
ガタつき ………… 94

column02

プレゼン資料作成のために
覚えておきたい！
**プレゼン用語集
～メッセージ編～** 96

chapter03
グラフが決まれば
パッと結論が出る

**01 グラフは視覚的に数値を
アピールするもの**
数値、表 100

02 1ページにグラフは1つ
グラフ、キーメッセージ 102

**03 グラフは線や色を
増やしすぎないように作る**
目盛線、濃淡、塗り、枠線 ... 104

**04 余計な補助線、
立体化は不要**
立体化、補助線 106

**05 グラフのユニバーサル
デザイン化**
色覚特性、UD、破線、模様、
明度 108

**06 変化の読み方を
矢印で示す**
変化、矢印、注目ポイント 110

07 大事な数字にインパクトを
単位、欧文フォント、
フォントサイズ、カラー 112

**08 棒グラフは
グループ間の比較**
量的な差、視覚的、項目数 .. 114

**09 項目名が長いときは
横向きの棒グラフ**
項目名、文字数 116

**10 割合は円グラフか
積み上げグラフ**
割合、実数、内訳 118

**11 変化を表すなら
折れ線グラフ**
プロット、変動、推移 120

**12 関係を示すなら
散布図**
散布図、関係性、変化、
書式設定 122

13 位置付けを明確に示す
ポジショニング・グラフ
ポジショニング、優位性、
比較基準、配置 124

14 エクセルで棒グラフを
デザインする
立体グラフ、ポイント、
統一感 126

15 エクセルで円グラフを
デザインする
凡例、コントラスト、
ドーナツ型グラフ 128

16 エクセルで折れ線グラフを
デザインする
プロット、枠線と塗り 130

column03

プレゼン資料作成のために
覚えておきたい！
プレゼン用語集
～グラフ編～ 132

chapter04
インパクトを出す
デザインのコツ

01 大事なネタに使う色を
1色に決める
印象、特別 136

02 色の濃淡で情報に
序列をつける
階層、濃淡、系統 138

03 背景はシンプルにする
テーマ、新規スライド 140

04 写真は最大サイズにすると
インパクト大
インパクト、キービジュアル、
背景除去 142

05 フローチャートは
目の動きを意識する
フローチャート、誘導 144

06 イラストの
テイストをそろえる
テイスト、違和感、
ダウンロード 146

07 文字でわかりにくい情報は
" 見える化 " する
見える化、理解度、
月間スケジュール表 ········· 148

08 フキダシは見やすさを増す
便利ツール
フキダシ、数と形、
グループ化 ········· 150

09 プレゼンで入れる
写真の選び方
ピクセル、データ ········· 152

10 写真を加工して
見栄えをよくする
トリミング、加工、
背景の削除 ········· 154

11 背景写真を使うときの
注意点
工夫、下地 ········· 156

12 写真を生かしてレイアウト
インパクト、構図 ········· 158

13 図解のパターンを
理解する
図解、影響、階層 ········· 160

14 引き出し線も
見やすさを重視
キャプション、引き出し線、
光彩、角度 ········· 162

15 詰め込みすぎなら
ページを分ける
結論、アペンディックス ········· 164

column04

プレゼン資料作成のために
覚えておきたい！
**プレゼン用語集
〜インパクト編〜** ········· 166

chapter05
実践で
資料作成力を
身につける

01 NG 資料の5大あるある
ルール、チェックポイント、
アイコン ········· 170

02 レイアウトは
繰り返すのが正解
統一、テイスト ……………… 172

03 スライドサイズの
変更機能に注意する
ワイド画面、
スライドのサイズ変更 ………… 174

04 スライドマスターの編集から
プレゼン資料作りは始まる
スライドマスター、レイアウト、
マスターのレイアウト ………… 176

05 表紙をデザインする
文字のサイズ、強弱、………… 178

06 読む順番を意識した
レイアウトに
視線の流れ、グループ化、
誘導、番号 …………………… 180

07 モノクロ印刷でも
対応可能なデザイン
コントラスト、明度、
パターン塗り …………………… 182

column05
プレゼン資料作成のために
覚えておきたい！
プレゼン用語集
〜実践編〜 …………………… 184

掲載用語索引 ………………… 187

主要参考文献 ………………… 191

chapter
01

１秒で伝わる資料デザインとは？

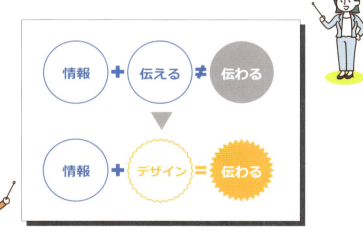

何となく作ると、イマイチ決まらない
プレゼン資料になる原因は何でしょうか？
それは資料作成のルールを知らずに
自己流で作っているからです。

KEYWORD → ☑ プレゼン資料、ビジュアル

01 伝えたいことを届けるためには

慣れていないとやりがちな失敗が詰め込みすぎること。「伝えたい」想いが強すぎて情報量が多くなりがちです。しかし、多すぎる情報は頭に入ってこないばかりか、読む気すら失せてしまいます。相手に届けるには何が必要なのでしょうか？

プレゼンで使う資料で大切なことは、「パッと見てわかりやすい」こと。どんなにわかりやすい解説でもページにびっしり文字が書かれていたら、一瞬で読み終わることはできません。読み手の限られた時間の中で最終的な結論へと導くために必要なことを覚えていきましょう。

文章ではなくビジュアルで伝える

文字が多くなっちゃった…

最高の梅とは？

梅とは学名*Prunus mume*、英語ではJapanese apricotを指す<u>バラ科サクラ属</u>の落葉樹の一種。その<u>果実</u>のことも指す。花は一節につき1個でモモに比べると開花時の華やかな印象は薄い。毎年2〜4月に5枚の花弁のある1〜3cmの花を咲かせる。花の色は白、またはピンク・赤で、それぞれ**白梅・紅梅**と称される。

果実は青いうちに収穫され（青梅）、加工されて梅干しや梅酒などにされる。品種は全国統一のものは多くなく、地方ごとに種が異なることが多い。そのため、各地で特産品となっている梅の加工品（梅干し・梅酒）は同じような製法で作られても個性がある。そのため、何をもって"最高の梅"と呼ぶかの**基準がない**。

文章が長くて読み終えるのが大変…

太字・赤文字で強調すればOKではない

上記のように、多くの言葉を使って非常に丁寧に説明した文章でも、**プレゼン資料**としてはNG。プレゼンは限られた時間の中で行うもののため、文字が多くて読むのに時間がかかる資料は求められていないのです。パッと見たときに伝えたいことが伝わる、単純なスライドがよいのです。

ビジュアルを使えば勘違いも防げる

例のように「梅」の説明をする際に文章だけだと梅の木なのか梅の実なのか、読む人に一瞬考えさせてしまいます。写真を添えることで、伝えたいものを正確に伝えることができるのです。

最高の梅とは？

日本全国で統一の品種はなく、地方ごとに品種が異なる
素材（品種）が異なると同じ製法で作っても味が違う

"最高"を決める基準はない！

ビジュアル付きだから命題が明確にわかる！

命題と答えが一気にわかる流れで理解しやすいわ！

最高の梅とは？

紅梅・白梅の2種類で違った趣がある

品種も違えば咲き方も違うので比較できない

名所はあれど、"最高"は決められない!!

読む人に内容を理解させるには、**ビジュアル**を利用するのが非常に効果的です。大きな写真と文字で「伝えたいこと」が一瞬で理解できれば、その先の説明を読む・理解する気が起きるのです。すぐに理解できて次をすぐに読みたいと思わせる、それがよいプレゼン資料といえます。

KEYWORD → ☑ **スライド・ブリッジ、本編、アペンディックス**

02 プレゼン資料は4つのパーツで構成する

プレゼンの資料作りに慣れていない人の場合、まずはプレゼン資料の構成を理解することが大切です。業務報告書などの社内資料作りとは違い、プレゼンにはオーソドックスなパターンがあるので覚えてしまいましょう。

社内文書や公文書に書式があるように、プレゼン資料にもパターンがあり、「表紙」「目次（**スライド・ブリッジ**）」「**本編**」「参考資料（**アペンディックス**）」の4ブロックに分けるのが基本です。最終チェックの際に目次を見ながらきちんとブロック分けできているか確認しましょう。

パターンに合わせるのが基本

基本パターンからズレたプレゼンがアトラクティブなこともありますが、まずは基本どおりに作りましょう。基本の流れは、だれにでもわかりやすいからです。なお、目次がないのは「整理されていない資料」という印象を与えるので省くのはNG。

14

ヘッダーページで構成わかりやすく

本編が長くなったり、本編の項目が多くなったりするときは、ヘッダーページ（ヘッダースライド）を使いましょう。目次ページをうまく使いまわすとわかりやすいです。

資料全体のページが多くなりすぎる場合は、結論をクリアにするためにも重要度の低い図表をアペンディックスにするのがおすすめです。ただし、アペンディックスはあくまでも本編の補足なので必須ではありません。

KEYWORD ➡ ☑ 詳細データ、補足、リンク

03 本編はシンプルに残りはアペンディックスに

各ページをシンプルにすることは前述のとおり。そのために多すぎる図や表を減らしていくことで「根拠が弱くなる」ことを心配する必要はありません。説得力を持たせたいデータの詳細は参照文献（アペンディックス）に載せればよいのです。

グラフや表などのデータは、根拠を示す重要なもの。しかし、データにこだわりすぎて細かい情報まで入れてしまうと、一番伝えたいことが不明確になり、かえって内容がわかりにくくなってしまうので注意しましょう。

詳しすぎるグラフや表は流れを妨げる

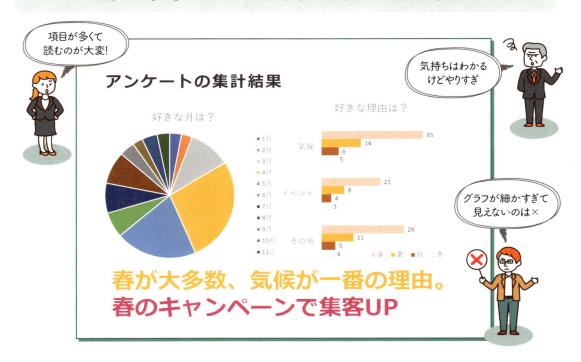

説得力を持たせようとして、アンケート結果の細かい情報まで入れるのはNG。情報量が多くなり、項目数などが多くなるほど相手の負担になります。**詳細データ**はわかりやすい形にまとめ、パッと見て結論がわかるようにしましょう。

本編のグラフや図はデータをまとめて提示

詳細なデータをそのまま示されても、すぐに理解できる人は多くありません。重要なポイントをだれにでもすぐに読み取れるように、データを整理することも必要です。

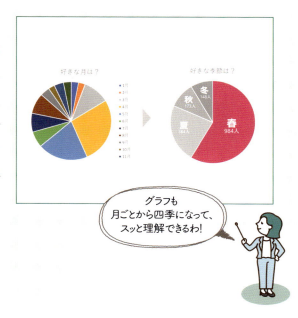

グラフも月ごとから四季になって、スッと理解できるわ！

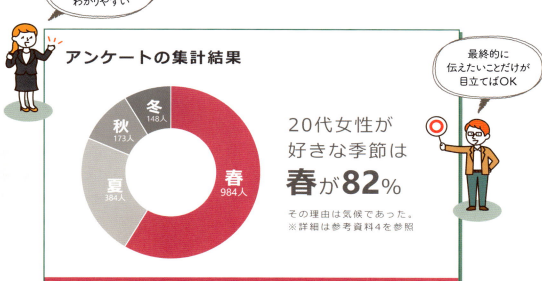

2段階だった説明のグラフが1つになってわかりやすい

最終的に伝えたいことだけが目立てばOK

詳細データを記したグラフを大きく入れるために「結論を小さくする」のでなく、グラフはメイン要素だけのシンプルな形にして結論も大きく表示するのが正解です。**補足**したい情報や詳細データを求められそうな項目は、参照資料（アペンディックス）への**リンク**を用意します。

KEYWORD → ☑ 情報量、整理、デザイン

04 見る人の気持ちになって資料を作る

プレゼンは伝える側が聞く相手に伝えたいことが必ずあります。しかし、整理されていなかったり、情報量が多すぎると、情報を受け取る側には大きな負担になり、伝わらないことがあります。どうすれば伝えたい情報を受け取ってもらえるのでしょうか？

失敗でよくあるのが、「**情報量**が多すぎること」「**整理**されていないこと」です。ある程度の情報は必要ですが、多すぎる言葉はかえって伝わりにくくなります。また、情報は整理して見やすい配置にするなど、見る人の気持ちになって資料を作りましょう。

情報を整理整頓して伝わりやすく

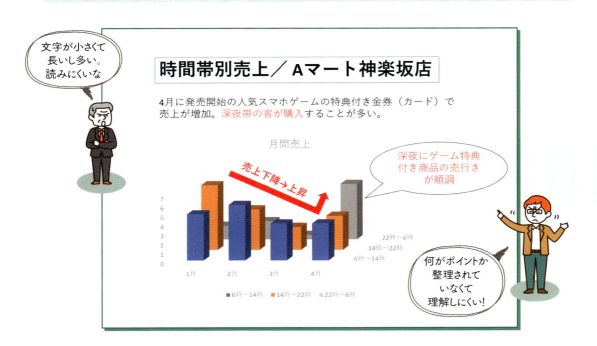

プレゼン資料で必要なことは、そのページの内容が短時間で理解できること。長文、文字ばかり、データのどの部分を読めばよいかわからない、見た目が整っていない、という資料は相手に"読み込む"ことを要求します。受け取る側は大きなストレスを抱えてしまうのです。

文字は必要な ものだけを残す

資料を見やすくする第一歩は、文章を減らすこと。文章をダラダラ書いたり、同じことの言いかえを繰り返したり、結論に関係のない文を入れるのは避けましょう。

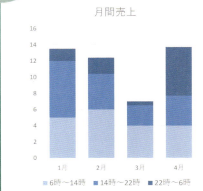

情報は、内容が同じでも**デザイン**することで伝わりやすさが変化します。情報を受け取る側＝資料を見る側が、正確かつスムーズに情報を理解できるように情報を整理することが、プレゼンの資料作成では欠かせないのです。

KEYWORD → ☑ メッセージ、結論、根拠

メッセージを絞り込む

プレゼンで大切なのは、メッセージを伝えることです。しかし、プレゼンが苦手な人の資料はメッセージが伝わりにくいもの。メッセージをわかりにくくしている余分なものを取り除いて、わかりやすい資料にしましょう。

プレゼン初心者の資料でよく指摘されるのが「**メッセージ**がわかりにくい」という点。これはメインのメッセージのほかに付け加えている要素が多いのが主な原因。過度な形容詞や、長い説明文はメッセージに説得力を与えるどころか、メッセージを伝えにくくしてしまうのです。

主役をわかりやすくすれば伝わるようになる

メッセージを伝えるには

主役が埋もれないようにする

メッセージを伝えるには、わかりやすさが必要です。わかりやすくするために大切なのは主題、いわゆる主役が目立つようにすることです。文章も長いものだと読みにくく、主役が埋もれてしまうことがあります。

絞り込むために必要な考え方とは

補足の図やグラフには役割があります。意味合いを文章ではなく図形にすることで、文字を減らすのです。図なのに文字が多かったり、読みにくい場合はその役割を果たすことができないこともあります。全体的にボリュームが多いことで見にくいので、減らすことが大事です。

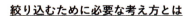

主役が目立つためには要素を絞り込む必要がある

長い文章で読みにくいし下線が多いなぁ…

文章が長いけど何が言いたいの？

プレゼン資料に長い文章は必要ありません。メッセージ部分に説得力を持たせようとして文章が長くなると、どこがメッセージなのか伝わりにくくなります。また、それをフォローしようと下線や強調文字などを入れるよりも、短い言葉で的確にメッセージを伝えるのがおすすめです。

補足の図やグラフは役割を意識して入れる

メッセージに説得力を持たせるために、図や表を根拠として入れる場合があります。しかし、そちらが目立ちすぎると、メッセージがわかりにくくなってしまうので、入れ方には注意が必要です。

メッセージを伝えるには

問題点	解決方法
文章が長くて読みにくい	文章を短くする
主題が見つけにくい	タイトルに入れる
関係性がわからない	図やグラフを使う

文章は短く、説明は図に！

長い文章も表にまとめるとこんなに単純…。だけど圧倒的にわかりやすいな

見た瞬間に理解できて納得できる！　このシンプルさがいいね！

メッセージを伝えるには

主役を目立たせる
- 文章は端的に書く
- 文字に強弱をつける

余計な要素を削る
- 余計な情報をなくす
- 図やグラフを使う

文章は短く、説明は図に！

文章は短く、図解はひと目でわかるように！言葉を絞り込むのが大切です

各ページで一番伝えたいメッセージは、それがそのページの結論であるとわかるように、「端的な言葉」で、「**結論**」の位置にくるように配置します。結論の**根拠**になる説明部分（文章・表・グラフなど）はあくまで補足的な役割なので、結論を引き立てることを意識しましょう。

KEYWORD → ☑ ストーリー、マイナスイメージ、テンポ

結論をもったいぶるのは NG

プレゼン資料で大切なことは、情報を受け取る側がストレスなく、スムーズに理解を深めていくことです。そのため、「最後に盛り上げたい」ということで結論をもったいぶると、間延びして失敗してしまうことがあります。

プレゼン資料は1枚ずつめくっていくことが前提です。そのため、次のページへ結論を持ち越すのは**ストーリー**を練り込んでいない限り、得策といえません。それぞれのページで伝えるべき情報は、もったいぶって持ち越すとかえって**マイナスイメージ**になりかねません。

結論は各ページに1つずつ

春季キャンペーン品販促プラン①

高齢者向けサプリメント「a1」

売れない理由は？
● 高い？
→他社より安い
● 効能がわからない？
→CMは流している

その理由は…
次ページへ！

次のページまで使って驚くような答えがあるとは思えないが…

結局、結論は何？　早くしてよ！

焦らされると相手はイライラが募ってしまいます！

新商品紹介などで、次のページに結論を持ち越す方法もありますが、初心者がマネするのは危険です。次のページの結論が、うまくその先の展開につながっていなければいけないからです。結論を先送りにした挙句、情報が少ないと、受け取り側は「物足りない」と感じてしまいます。

「結論は次ページ」は高度なストーリー展開

結論を次ページに置くときはその結論が新たな展開のスタートになるなど、必然性に気を使いましょう。「入りきらないから」というだけなら、前ページの情報を整理すべきです。

春季キャンペーン品販促プラン①
高齢者向けサプリメント「α1」

アンケート回答
- 周囲で誰も使ってない
- 広告の登場人物が嫌

クチコミ世代が**共感**できる**タレント**を**起用**

どれだけすごい結論？がっかりだわ！

オーソドックスに1ページに1つの結論、というほうが安心感を与えられるね

春季キャンペーン品販促プラン①
高齢者向けサプリメント「α1」

過去のキャペーンで売れなかった理由
高いから？→NO
効能がわからない？→NO

アンケート結果を見ると…
- 周囲で誰も使ってない
- 広告の登場人物が嫌
- 使いたいと思えない

クチコミ世代の共感を狙う

目立つ仕掛けで気を引こうとするより、内容をしっかり伝えることのほうが大切です

プレゼンの資料では、それぞれのページでなるべく結論を出すようにしましょう。その結論が次のページにつながる、というのが**テンポ**もよく、理想的な流れです。各ページで簡潔な結論を積み重ねていって最終的な結論につながるように、全体のストーリーを練ることが大事なのです。

KEYWORD → ☑ 現状分析、問題提起、ロジック

07 ロジックをシンプルに示す

プレゼン資料を作成するのは何かの提案を行うときです。相手に提案を受諾してもらうためには、相手にとってわかりやすいことが重要。そのためには、ロジックをシンプルにして主張・提案を明確にする必要があります。

何かを主張する際には、「何を」伝えたいのかが明確になっていなくてはいけません。「〜だから」という根拠ばかりが目立つと、伝えたいことがぼやけてしまいます。それを避けるためにも、根拠と結論をシンプルにつなげることが大事です。

根拠と結論が明確にわかるデザインに

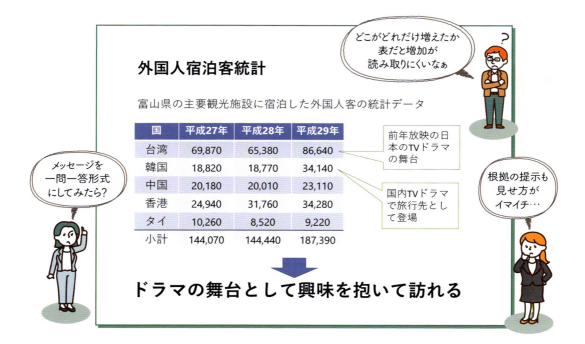

新商品や企画提案などのプレゼンでは、最終的な提案につなげるために根拠を示していきます。その際は「**現状分析**」から「**問題提起**」、そして「解決法」として新商品や企画を提案するものですが、しっかり整理された資料でないと、性急で説得力がない提案に見えてしまいます。

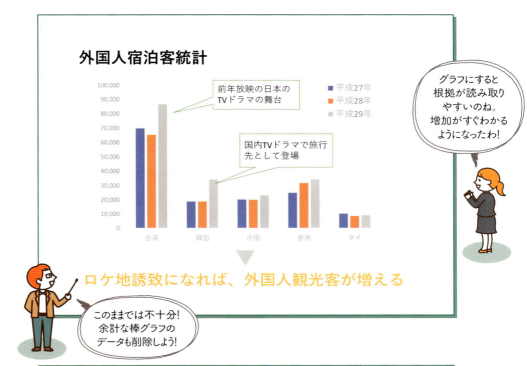

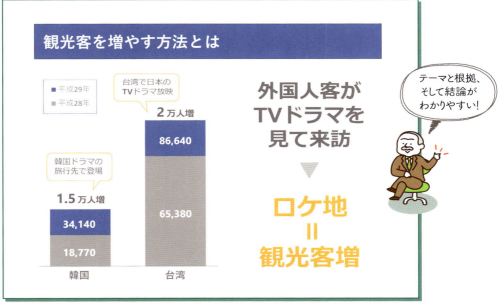

プレゼンの**ロジック**はシンプルな繰り返しがベスト。根拠として現状分析からの問題提起を行い、結論として施策（新商品・新企画）を提示する形です。各ページの結論を根拠として積み上げていくと、新商品や企画が「なぜ必要なのか」という説得力が増します。

KEYWORD → ☑ **根拠、マイナス評価、分散**

08 捨てる勇気を持つ

プレゼン資料でよくある失敗が、伝えたい情報が多すぎて「詰め込みすぎ」になってしまい、結局わかりにくい資料になる、というのは前述のとおり。では、何を省いて、何を残すべきなのでしょうか？ 相手から見たわかりやすさを基準に厳選しましょう。

社内での報告書などと違って、プレゼン資料は短時間でサッと内容を把握できることが大切です。そのため、結論・メッセージがしっかり伝わることを常に意識しましょう。**根拠**として提示するデータも細かくなるほど理解に時間がかかるため、相手の負担になり**マイナス評価**になります。

必要最小限の情報をシンプルに伝える

文章だけでなく図形も多いなぁ

目があちこちに行って落ち着かない…

何を捨てるべきかを判断するには

メッセージを1つに絞る
そのページで1番伝えたいメッセージは何なのかを明確にしましょう。それに対応する根拠は、メッセージに直接つながる内容を選びます。根拠は文章で長く説明するより、箇条書きや図解など、コンパクトにまとめます。

メッセージが複数あるとインパクトが下がる！

シンプル	段階を踏む
○○である ↓ だから ××である	○○である ↓ だから△△である ↓ △△だから××である

根拠はシンプルに
図解などで示す根拠は、複数を提示するよりも、シンプルに根拠→結論1つのほうがわかりやすいものです。

スペースを埋めればよいというものではない！

↓
シンプルなほど伝わりやすい

伝えたいメッセージがあっても、その説得力を増すためにいろんな情報を詰め込むと、メッセージのサイズが小さくなったり、印象が弱くなってしまうことがあります。大切なことを伝えるために、それ以外の情報を捨てる勇気を持ちましょう。

見出しとメッセージは最初に場所を決める

詰め込みすぎを避けるためには、見出しとメッセージを先に入れ込むのがおすすめです。空きスペースを把握できると、根拠に入れる要素をどれくらい絞り込むべきかが見えてきます。

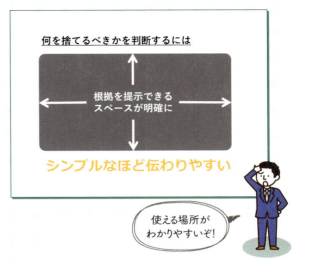

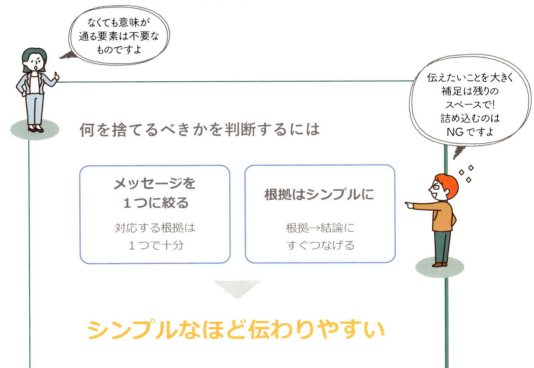

根拠を複数提示することは説得力を増すものですが、グラフや表を複数入れるのは視線が**分散**してしまい、逆効果になることがあります。メッセージを強く打ち出したいなら1つに絞り、そのほか補足資料である詳細データの8割くらいはアペンディックスへ移せばよいのです。

KEYWORD → ☑ 空きスペース、ノイズ

無駄な要素はノイズとなる

プレゼン資料作りで大切なことは、資料を目にする人に負担をかけないで論旨にのみ集中してもらうこと。そのためには無駄な要素をなくし、無駄にひっかかる部分＝ノイズを減らす必要があります。何が本当に必要かを考える習慣をつけましょう。

プレゼン資料では、必要な情報だけを簡潔に、わかりやすく入れるのが鉄則です。ロゴマークや日付、会議の名称など、表紙にあれば十分な情報を毎ページ入れるのは無駄です。本編の情報量やレイアウトに悪影響を与えるような要素は削ぎ落としていきましょう。

何が「無駄＝ノイズ」なの？

（会社名やロゴが毎回スライドに登場!?必要ないですね）

アイターン促進協議会　2019年9月定例会議

葡果成市

アンケート調査の方法と結果

目的と内容

地元農業の主品目であるブドウ栽培推奨の根拠を得るため、市場での人気を調査。

2019年8月15日から22日にかけ、東京都内スーパーにて男女500人に対し、以下の質問をし、回答を得た※

1. ブドウは好きですか？
2. このブドウはおいしいですか？
3. 同じ値段のときこのブドウを選びますか？

※アイターン促進協議会　農作物意識調査アンケート2019/8/15-8/22調査データより

Q2　190／85／130／95
■はい　■いいえ　■どちらともいえない　■無回答

Q3　205／130／125／40
■はい　■いいえ　■どちらともいえない　■無回答

（円グラフもなんだか読みにくい）

（一番下の注釈も長々としているわ）

空きスペースが気になって、穴埋めのように後から入れる情報であれば、本当に必要なものではないでしょう。注釈やグラフの引き出し線なども、ページで取り上げている情報以外は余分な情報＝**ノイズ**にしかなりません。

注釈のサイズや場所で読み手の負担が増える

グラフの出典など、注釈が必要な場合の大きさや位置に注意。文字を小さくしたり、隅にまとめるなどして、読む相手に不必要な時間をとらせないようにしましょう。

注釈が本当に必要なのか考えて!

ノイズを削ぎ落としたらスッキリ!

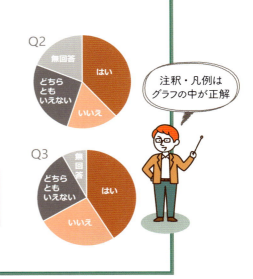

アンケート調査の方法と結果

目的と内容

地元農業の主品目であるブドウ栽培推奨の根拠を得るため、市場での人気を調査。

2019年8月15日から22日にかけ、東京都内のスーパーにて男女500人に対し、以下の質問をし、右記のような回答を得た。

1.ブドウは好きですか?
2.このブドウはおいしいですか?
3.同じ値段のときこのブドウを選びますか?

※ 2019市場調査結果より

注釈・凡例はグラフの中が正解

情報量が多いページほど、不要な要素は徹底的に削ぎ落とすことに意識を向けましょう。表紙に情報をまとめるほかにも、グラフや図は凡例を分けずに項目名をグラフにつけたり、本文も文字を数文字減らせば行が減る場合は文章を直すなど、見やすさを向上させるためには有効です。

KEYWORD → ☑ アニメーション効果、デメリット、印刷資料

アニメーションは使わない

文字や写真、イラストが浮かび上がったり、移動したり、「かっこいいプレゼン」で使われる印象のあるアニメーション効果。PowerPointでも作成できますが、使いこなすことが難しい機能なので使わないほうが無難といえます。

スライドをスクリーンに映し出して大勢の前で行うプレゼンなどで、強いインパクトを与えられる**アニメーション効果**。大画面で文字や写真が動くのは見栄えがよく、かっこいいイメージがあります。しかし、受け取り側にとっては最初の印象が強いだけで、特にメリットはありません。

アニメーション効果は失敗の元

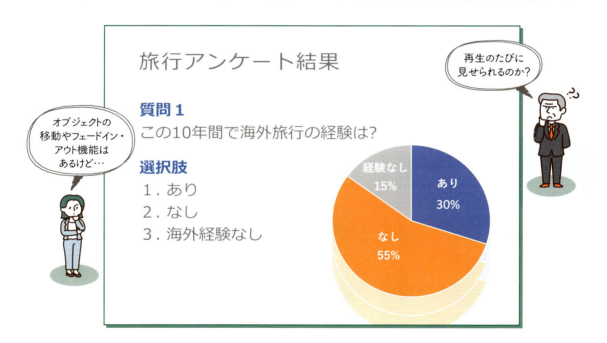

発表の際に、印象を強める目的だけでアニメーション効果を使うのはおすすめできません。「印刷資料で結果が見えているので時間の無駄」と思われたり、質疑応答でもう一度再生する際に間が空いて興が削がれる、といった**デメリット**のほうが大きいからです。

文章と重なって
見えなくなることも

アニメーション効果に集中してしまうと、根拠として提示するキーワードを印刷資料（結果）に入れ忘れたり、アニメーション効果のために最終レイアウトが崩れるといったことも起きます。

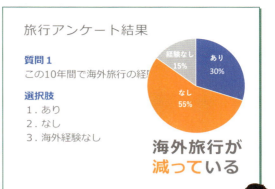

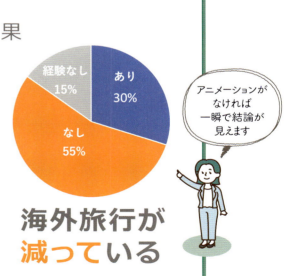

「視線を誘導できる」「キーワードなどが目立つ」などのアニメーション効果のメリットは、**印刷資料**でも配置や文字サイズなどで情報をデザインすれば十分できること。一瞬のインパクト頼りのアニメーション効果は、プレゼン資料では避けたほうがよいのです。

KEYWORD ➡ ☑ **文字の太さ、文字サイズ**

重要度に応じて文字を目立たせる

プレゼン資料では、主張や提案を伝えるために文章・文字が数多く登場します。その文字も大切な情報であることを意識しないと、ただの羅列となり読みにくくなります。最も多く登場するからこそ、見やすさには気を配りましょう。

だれが見てもわかりやすいプレゼン資料を作るためには、重要度に応じて文字の目立たせ方を変えなくてはなりません。そこで使えるのが**文字の太さ**と**文字サイズ**を変える方法。より直感的に重要度を把握できます。

文字の太さ・大きさで階層を示す

【文字の太さで区別】
　文字の太さに差がないと、非常に読みにくく、見る人に良い印象はありません。

【文字の大きさでも区別】
　小見出しと本文の文字の大きさを変えることで区別がついて読みやすくなります。

【色で重要度を区別するのも有効】
　小見出しと本文の区別をつけることで文章が読みやすくなります。

ページの中で階層構造を示すのによく使われるのが、上のスライドのように【 】で小見出しを囲ったり、本文の行頭を一文字ぶん空けるインデント。しかし、その効果はあまり大きくはなく、はっきり区別できるものではありません。小見出しの文字自体を強調しましょう。

文字の太さで区別
文字の太さに差がないと、非常に読みにくく、見る人に良い印象はありません。

文字の大きさでも区別
小見出しと本文の文字の大きさを変えることで区別がついて読みやすくなります。

色で重要度を区別するのも有効
小見出しと本文の区別をつけることで文章が読みやすくなります。

文字の太さで区別
文字の太さに差がないと、非常に読みにくく、見る人に良い印象はありません。

文字の大きさでも区別
小見出しと本文の文字の大きさを変えることで区別がついて読みやすくなります。

色で重要度を区別するのも有効
小見出しと本文の区別をつけることで文章が読みやすくなります。

文字の大小を自分で調整した後はもうひと段階。本文と小見出しの区別をさらにはっきりさせるため、太文字にしてみましょう。小見出しを本文よりサイズを大きく、太文字にすることで、視認性がよくなり見やすさが大きく向上します。さらに色を変えるとより目立ちます。

KEYWORD ➡ ☑ 統一感、使用カラー

12 色は2色まででシンプルに

PowerPoint では、文字やグラフの色を自由に選べますが、目立たせようとして色をたくさん使うと、どれが大切な部分なのかが不明瞭になってしまいます。色数が多くなるとかえって情報が伝わりにくくなることを意識しましょう。

とにかくカラフルに派手な色を使えば「目立つだろう」と、多くの色を使うのは間違い。なぜなら、人は無意識に同じ色をグループと認識して意味づけを行うためです。**統一感**なく色が登場すると、読み手は混乱してしまうのです。

テーマカラーと強調カラーを決める

色が多くてチカチカする

色がたくさん出てくると混乱を招く

色の数が多いと、非常に読みにくくなります。5色以上はNG。見る人に混乱を与えます。

色使いにはルールが必要

数とあわせて注意するのは、色のルール。小見出しと本文が同じ色だと混乱しがちです。

黒（グレー）以外に2色選ぶ

色は基本的に3色まで。黒（グレー）は確定として、残りの2色を選んで使用します。

色の使い分けはどうなっているんだろう

色数が多くても混乱するだけです

プレゼン資料全体を通して統一すべきなのが、**使用カラー**のルール。色数が多ければ多いほど情報を読み取るのが難しくなります。文字の黒と背景の白を除いて意味もなく3色以上あるとわかりにくい資料になってしまいます。

色の濃淡を変えると重要度が表現できる

色の数を絞っていくと、色で意味分けをしたいときに足りなくなることもあります。その際は使用カラーの濃度差（色が淡くなるにつれ存在感が弱まる）を利用します。

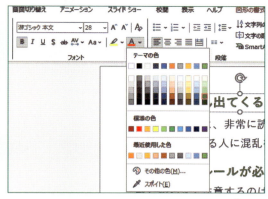

白・黒とテーマカラー、強調色があるのか

「テーマ」の縦の並びで濃淡が変わるのね！

色がたくさん出てくると混乱を招く

色の数が多いと、非常に読みにくくなります。5色以上はNG。見る人に混乱を与えます。

色使いにはルールが必要

数とあわせて注意するのは、色のルール。小見出しと本文が同じ色だと混乱しがちです。

黒（グレー）以外に2色選ぶ

色は基本的に3色まで。黒（グレー）は確定として、残りの2色を選んで使用します。

暖色のオレンジのほうが注目カラーかな！

プレゼン資料を作るときはまず最初に、資料全体のテーマカラーと、全体で共通する強調色を決めましょう。1つのページ内で強調色を使いすぎない（強調色のページに占める面積を増やしすぎない）ことも大切です。

KEYWORD ▶ ☑ 色数、スポイト機能

13 色を意図的に使いこなす

色を使うとイメージが伝わりやすくなるなど、色は重要な役割を果たします。しかし、色によって印象やイメージが異なるため、伝えたい内容に合わせた色を慎重に選ぶ必要があります。

プレゼン資料で色を選ぶポイントは、**色数**を使いすぎずに、色を意図的に使いこなすこと。情報の内容と色自体が持つイメージが合っていないと違和感が出て伝わりにくくなるので、色は慎重に選ぶ必要があります。

色の持つイメージを使いこなす

伝えたい内容と色のイメージがかけ離れていると、情報が伝わりにくくなります。また色にはプラスとマイナスの両面のイメージがあることにも注意。企業のテーマカラーの再現が不完全だと悪い印象を与えることもあるので、**スポイト機能**で色を正しく再現しましょう。

36

色が持つプラスと
マイナスのイメージ

たとえば赤なら情熱と危険、青なら涼しさと冷酷さなど、色が持つイメージにはプラスとマイナスの両面があります。心理的に働きかける効果を持つ色を効果的に選びましょう。

色をうまく利用すると、直感的に情報を伝えることができます。たとえばポジティブな提案には暖色の基本色を選んだり、分析の場合は青で冷静なイメージを付与するなど、組み合わせることで読み手の無意識の領域にまでアピールできるのです。

KEYWORD → ☑ 色覚特性、色使い、コントラスト

14 ユニバーサルデザインカラーを選ぶ

色の持つイメージを意識して使えるようになったら、より多くの人が理解できるものを提供するという考え方で研究されているユニバーサルデザイン（UD）カラーを使えるようになりましょう。

色の持つイメージが情報の伝達を助けることもできますが、それもすべての人に当てはまるわけではありません。一部の**色覚特性**を持つ人は、認識できる色が一般色覚の人よりも少ないため、赤と緑が見分けにくかったりします。そういった人にも理解してもらえる**色使い**をしましょう。

黒（グレー）・オレンジ・青がおすすめ

色覚に関する調査でわかっているのが、P型やD型の色覚を持つ人には、暖色同士・寒色同士だと見分けにくいということ。また、明度に差がない組み合わせも見分けるのが難しいのです。そこで選ぶべきなのは、暖色・寒色の組み合わせ、明度に差がある組み合わせになります。

黒の文字は少しだけグレーにするとよい

下に色を敷かない無地のページで真っ黒な文字を使うと、**コントラスト**が強すぎで見えにくくなることがあります。そんなときは文字の色をグレーに変えると見やすくなります。

白地のページでは文字色を真っ黒ではなく文字色をグレーにすると読みやすい

↓

白地のページでは文字色を真っ黒ではなく文字色をグレーにすると読みやすい

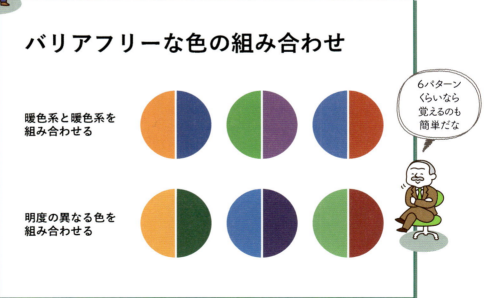

色弱者にも見やすい資料にするためには、見えにくい色の組み合わせを避ける必要があります。『ユニバーサルデザイン推奨配色セット　ガイドブック』には上記に挙げた以外のセットも紹介されているので、確認して色を選ぶとよいでしょう。

KEYWORD → ☑ グラフ、表、写真、単純化

できる限り"見える化"する

プレゼン資料では、情報をたくさん掲載しなければならないことも。しかし、そのままでは瞬時に受け取り手に伝わらないことがあります。それを避けるためにも、ひと目でわかるように、情報を"見える化"しなくてはいけません。

情報がわかりやすいデザインにするのは、短い時間で伝えたいことを述べなくてはいけないプレゼンの資料では必須のこと。**グラフ**や**表**を入れる、**写真**でイメージを伝えるなど、情報をデザインするといってもそんなに難しいことではありません。正しいやり方を覚えてしまいましょう。

直感的に理解できる図を入れる

新商品売上高報告

	類似商品	新商品
1か月	140	153
2か月	162	202
3か月	151	180
4か月	128	250

4月発売開始
▼
6月CM開始
▼
類似商品と異なり売上高UP

（数値だと差を読み取りにくいな）

（注目すべき点がわかりにくい）

たとえば売上高報告のページで月別の売上額を伝えるときにも、エクセルの表のままではパッとイメージが湧きにくいものです。正確な数字を記した表はアペンディックスへ移動し、表の内容をまとめた簡単なグラフに置き換える、表を**単純化**する、などの方法をとります。

表を見える化するのは
グラフでなくてもOK

情報が多すぎる表は、グラフでなくても見える化できます。データは示せなくなりますが、傾向と対策、結果を示せば十分なこともあります。グラフにこだわらなくてよいのです。

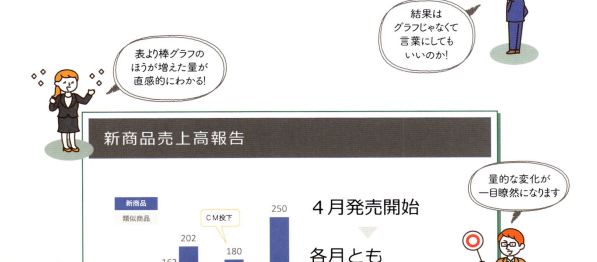

エクセルの表は数字が明確にわかりますが、情報が多いと見るべきものがわかりにくくなります。そんなときは数値を見える化できるグラフを使いましょう。売上高の減少傾向と対策の必要性を訴えたいなら、変動量がひと目でわかる棒グラフを選びます。

KEYWORD ➡ ☑ 書体、明朝体、ゴシック体、メイリオ、字面

16 "見せる""読ませる"の目的別書体選び

読みやすくデザインされたプレゼン資料にしたいなら、文字を印象的に"見せる"、文章を"読ませる"など、それぞれを目的に応じて選ぶ必要があります。そのとき、大切なのが「どの書体を選ぶか」ということ。目的によって適したフォントも異なります。

書体とは「ゴシック」や「明朝」など大まかに文字の種類を指すものです。ワープロソフトで作るような文章が中心の"読ませる"資料ならば線が細い「**明朝体**」が向いていますが、プレゼン資料のような"見せる"資料には、「**ゴシック体**」など視認性の高い太い書体がよいでしょう。

書体は線が太い・細いで効果が変わってくる

太文字の長文は読みにくいので避けましょう！

小見出しのフォントが明朝体だと読みにくい

目的別に書体を選ぶ

長い文章ほど細くする

一般にWordで作るような文量の多い書類には、ゴシック体よりも明朝体が向いていますが、プレゼン資料の場合は、多少文量が多くてもゴシック体を使うほうが無難です。明朝体はスクリーン上でかすれて読みにくくなるからです。ただし、文量が多いほど細いゴシック体を選ぶほうがよいでしょう。

小見出しや強調語句などは太め

見る要素ほど、視認性の高い「太めのフォント」が向いています。タイトルや小見出し、強調語句などは、太字を使うと効果的です。

小見出しも本文も同じフォントなのは関係ないのか

同じゴシック体の書体であっても、文字の太さによって使いどころは異なります。プレゼン資料を作る際には、タイトルや小見出し、結論の文章など、文章が短く、目立たせたい文章ほど太いフォントがよく、長い文章になるほど細いフォントが適しています。

線が細すぎるフォントはプレゼンにはNG

プロジェクターは、あまり解像度が高くないので細い文字を表現するのが苦手です。「游ゴシック」のライトでは細すぎるのでおすすめできません。

游ゴシックLightは細すぎる

「游ゴシックLight」は、線の細い書体でとてもきれいですが、細すぎるのが原因で読みにくくなることもあります。プレゼンにはあまりおすすめできません。

プロジェクターを使うときはフォントにも気を使うのね！

メインタイトルは太字で読みやすく！

目的別に書体を選ぶ

長い文章ほど細くする

一般にWordで作るような文量の多い書類には、ゴシック体よりも明朝体が向いていますが、プレゼン資料の場合は、多少文量が多くてもゴシック体を使うほうが無難です。明朝体はスクリーン上でかすれて読みにくくなるからです。ただし、文量が多いほど細いゴシック体を選ぶほうがよいでしょう。

小見出しや強調語句などは太め

見る要素ほど、視認性の高い「太めのフォント」が向いています。タイトルや小見出し、強調語句などは、太字を使うと効果的です。

タイトルも説明文もすっきり読みやすくなりました

ゴシックとひとくくりになっていても、たくさんの種類のフォントがあり、読みやすさや雰囲気は様々です。特に"見せる"文字であるゴシックの中でも「**メイリオ**」は**字面**が大きく、プレゼン資料などに向いています。

KEYWORD → ☑ 変形、飾り文字、袋文字

17 文字は"ゆがめず""飾りすぎず"が正解

PowerPointでは、文字の幅を広げる文字変形や飾り文字の機能が付いています。しかし、通常とは異なる特殊な文字は全体の中で異質であり、読みにくさの原因となってしまうので使うのはやめましょう。

PowerPointのたくさんの機能の中に、文字の**変形**や**飾り文字**などがあります。印象を変えたり、強調することができる機能ですが、デザイン的にはバランスが悪く、結果は見にくいものばかり。手軽な機能だからと手を伸ばすと、全体のデザインにも悪影響を及ぼしてしまいます。

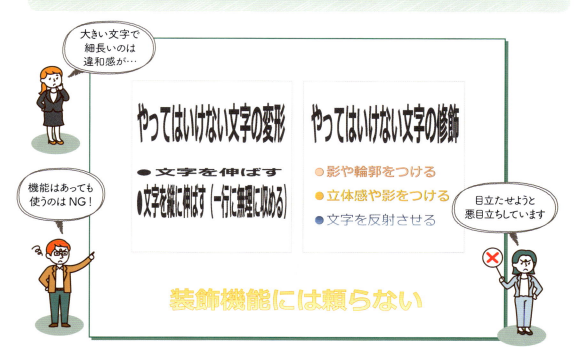

文字数が少なくて空きスペースが気になるときは、横幅を増やす機能を使いたくなりますが、見栄えも悪くなるのでNG。文字を傾けたり縦長にするのも同様です。また、飾り文字は不必要な装飾が多く、統一性がなくなるので、使うのは避けましょう。

読みやすくするための袋文字はOK！

袋文字の作り方は簡単。袋文字にしたい文字をコピー＆貼り付けで2つ用意。片方だけに「書式設定」や「文字の輪郭」で枠を付け、重ね合わせれば袋文字の完成です。

やってはいけない 文字の変形	やってはいけない 文字の修飾
● 文字を伸ばす ● 文字を縦に伸ばす 　（1行に無理に収める） ● 文字を斜めにする	● 影や輪郭をつける ● 立体感や影をつける ● 文字を反射させる

装飾機能には頼らない

ごちゃごちゃした印象を与えてしまう文字の変形や飾り文字を使わなくても、文字サイズ・書体選びなどをきちんと行っていれば、しっかりと印象を残すことはできます。シンプルな誌面のほうが、伝えたいメッセージも相手に届きやすくなるのです。

column

01

プレゼン資料作成のために
覚えておきたい！

基本編

プレゼン用語集

☑KEYWORD

プレゼン

プレゼンテーション（presentation）の略。売り込みたいテーマや企画、社内での戦略の提案などで、いかに効果的・効率的に伝達できるかが問われる。プレゼンのためによく用いられるのがマイクロソフト社の PowerPoint である。

☑KEYWORD

ストーリー

物語の筋書のこと。転じて、展開をしっかり考え、筋道を組み立てること。「伝えたいこと」を明確にした上で考えると、問題点とその解決策が浮き彫りにされ、説得力を高めることができる。

46

☑ KEYWORD

スライド

PowerPoint におけるそれぞれのページのこと。文字や図表などを組み合わせたスライドが複数用意されて紙芝居のように展開される。PowerPoint はプレゼンに特化したソフトのため、手軽にスライドを作成できる。

☑ KEYWORD

施策

対策を立てて、実際に行うこと。プレゼンにおける施策とは、特に「課題をどのように実現・解決していくか」という、道筋・方法のことを指す。多角的な視点で聞き手が具体的にイメージできるものでなくてはならない。

☑ KEYWORD

アニメーション

PowerPoint に搭載されているアニメーション機能のこと。スライドに入れることが可能で、重要な結果が拡大される効果で聞き手の注目を集めたり、文字がスライドしてくる効果などで説明を補完したりできる。

☑ KEYWORD

書体

特定のデザインで統一された文字セットのこと。大きさ、太さ、傾斜などさまざまな種類があり、形状により視覚効果を生み出す。たとえば強調したい単語にはゴシック文字を使用するなど目的によって使い分けることができる。

☑ KEYWORD

ブリッジ・スライド

ブリッジ・スライドとは、本編の流れを表したスライドのこと。目次スライドがその役目を果たします。流れを把握するのに効果的。複数の章があるときには、各章の間でこれを挟むことで、聞き手の理解を高めることができる。

☑ KEYWORD

オブジェクトの順序

オブジェクトの順序は、図や図形などの上下の並び順のことで、PowerPointでは最後に挿入したものが一番上になる。テキストボックスを塗りつぶし図形や写真の上に配置したり、図形同士の重なり順を調整するのに使用する。

☑ KEYWORD

アペンディックス

「付録」「追加」という意味を持つ意味の英単語で補足資料や別添付の資料のことを指す。本編に入れると量が多くなってしまう詳細データなどを添付するプレゼンのブロック（パーツの1つ）のこと。

☑ KEYWORD

ソリューション

元は「回答」「解決すること」という意味。ビジネスシーンでは経営やサービスについて抱える問題などを解消することを指し「〇〇のソリューション提案」と、プレゼンのタイトルで使用されることも多い。

chapter
02

刺さるメッセージの入れ方とは？

メッセージの入れ方ひとつで
そのプレゼンへの評価はガラリと変わります。
キャッチコピーだけではない、
言葉の生かし方を学びましょう。

KEYWORD → ☑ ストーリー、レイアウト、流れ

01 レイアウトは「左から右」「上から下へ」

レイアウトの基本は「見やすくすること」。しかし、ただ見やすくしただけでは十分ではありません。いかに相手を飽きさせずに最後の結論へと導くかが重要です。ここでは1枚のスライドの中で「流れ」をどうレイアウトすればいいかを説明します。

スライドの**ストーリー**作りのポイントは、「事実の要素」とそれを元にしたメッセージを簡潔に示すことです。伝える内容は濃く、深く。でも**レイアウト**は「なるべくシンプルに」が基本。人の目線は、左から右へ、上から下へと移動するので、それに沿って文字や図を配置しましょう。

目線の流れに沿った配置とは

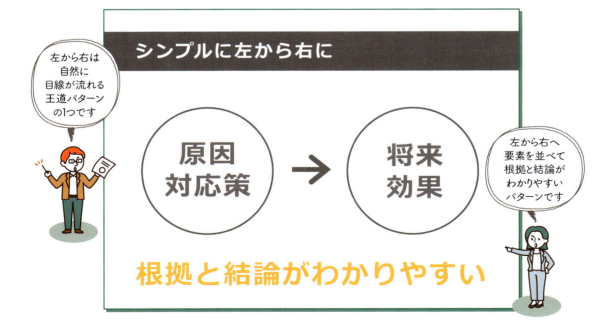

大切なのは、スライドに「**流れ**」を作ることです。横書きのスライドの場合、文字が左から右、上から下へと置かれるのと同じように、図も時系列で配置するのが自然です。「従来と将来」「対応策と結果」といったスライドの構成要素も、この法則に沿って配置するのがよいでしょう。

事実だけでなく「だから何」をプラス

データなどの「事実」しかないと、見る側がその意味を考えなければなりません。そのような手間を省くため、事実(データ)に「だから何」をプラスした情報を盛り込みましょう。

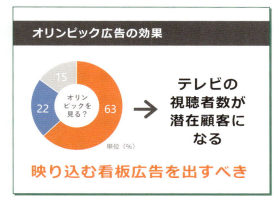

上から下は自然な目の流れ

従来・理由・原因・対応策

▼

将来・結論・結果・効果

▼

上下は時系列を意識させる

スライドを自然に読める流れには「左から右」のほかに「上から下」もあります。これはシンプルな流れであると同時に、要素の進み具合など、並べただけで時系列を感じさせる配置でもあります。さらに矢印をつけると、時系列の印象をいっそう強めることができます。

KEYWORD → ☑ 発表者、Z型

02 わかりやすいレイアウトは4パターンある

文字や文章、図、表、グラフなどの作り方はわかっても、実際に資料を作成するには、それぞれの要素を効果的に配置しなければなりません。相手にメッセージをより明確に伝えるためには、効果的なレイアウトの方法を知ることが必要不可欠です。

整理されていないレイアウトは、見る人を困惑させ、せっかくの資料や**発表者**の印象も悪くしてしまいます。メッセージを伝えるうえで重要なのは、ストーリーやロジックをわかりやすくすること。これがレイアウトの目的です。

レイアウトのパターン

タイトル／項目名やページのまとめ

- 箇条書きや段落
- 最もシンプルなスライド
- 写真や表、グラフがない場合は文字だけのスライドになります。
- 箇条書き多くなりすぎないよう、また、1行目あたりの行数は最大でも2行に。

まとめ／ページのまとめや次へのつなぎ

これは上から下に目線が流れるパターンか

基本的には4パターンあります

文章ではなくグラフや表を上に持ってくるパターンです

タイトル／項目名やページのまとめ

グラフや表
フローチャート
写真など

まとめ／ページのまとめや次へのつなぎ

プレゼン資料は、文章と図（グラフや表、写真、フローチャート）などの要素で構成されます。これらの並べ方は大きく分けると4種類あります。プレゼン資料は、読む順番通りに文章や図が並んでいることが最も大切です。

基本パターンを
アレンジして使う

ここでは4パターンを紹介していますが、実際の資料は、文章の量も図の数も様々です。ロジックやストーリーに合わせて、レイアウトをアレンジして使用しましょう。

タイトル／項目名やページのまとめ

- 内容に応じて、レイアウトをアレンジしましょう。
- 図の間に矢印を置くこともちろんOK。

図の説明はここに書くことができます。　図の説明はここに書くことができます。　図の説明はここに書くことができます。

まとめ／ページのまとめや次へのつなぎ

左右を分割して図も文章も読みやすくできるパターンね!

最初のパターンに似ている!これもOKなのか!

タイトル／項目名やページのまとめ

- 箇条書きや段落
- 右の図や表に関係する前提説明
- 調査手法やリード文もここに書くのがふつう

グラフや表　フローチャート　写真など

まとめ／ページのまとめや次へのつなぎ

同じ2分割でも前提条件は文章を左、結論を右に書くのか

タイトル／項目名やページのまとめ

グラフや表　フローチャート　写真など

- 箇条書きや段落
- 左の図や表から導かれることを書く
- 箇条書きでなく、矢印で文をつなげるのも可
- **末尾のまとめを省き、ここに「まとめ」も可**

まとめ／ページのまとめや次へのつなぎ

文字が主役の場合も、図が主役の場合も、各要素をアルファベットの「Z」(**Z型**)に並べるのが基本。これは、人の目線が自然に流れる順番と同じだからです。図と文章を組み合わせるときも、Z型になっているかを意識しましょう。

KEYWORD → ☑ ビジュアル

03 図やグラフは左 メッセージは右

プレゼン資料の画像、写真、グラフなどはどこに置けばいいのでしょう？「見やすければ、どこでも」とは思いますが、じつは見やすさには、きちんとしたルールがあるのです。ここではそれを比べながら説明しましょう。

スライド上のグラフとメッセージのレイアウトは、見る人にとってわかりやすい資料にするための大切なポイントです。1枚のスライドにグラフなどの**ビジュアル**とその結論を入れる場合、縦に並べるのは避け、できるだけ横（左右）に配置するようにしましょう。

グラフとメッセージは横に配置

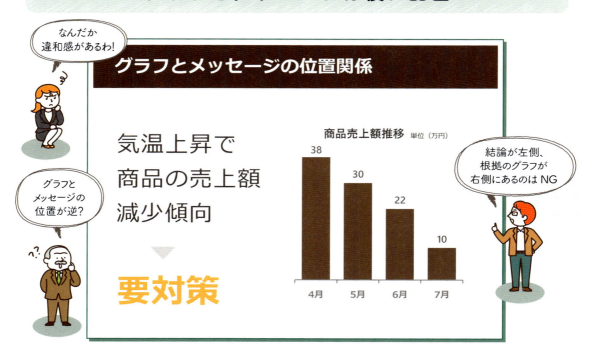

横書きであれば、人間の目線は左から右へ移動するので、左側に図やグラフがあるほうが目に留まりやすくなります。また、理解する順番も左側から右側へと進むので、データと結論もその順に配置しましょう。

グラフとメッセージの位置関係

テキストが左だと文章の長さがそろわないため、右に配置したグラフとの余白がきれいに見えません。文章が右側だと文頭がそろっているので余白もそろいます。

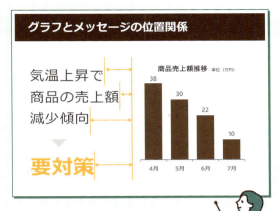

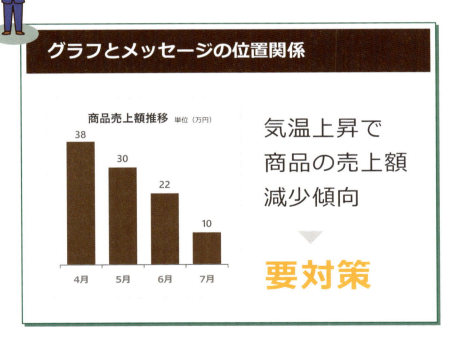

実際にグラフを見比べてみると、グラフが左、メッセージが右のスライドのほうが、ストレスなく頭に入ってくるのが実感できるはずです。もちろん、グラフや図の前に説明すべき文章は、図の左に配置しましょう。

KEYWORD → ☑ キーメッセージ

04 メッセージをタイトルに

プレゼン資料で最初に目にするのは、もちろんタイトル。そのタイトルが魅力的に見えると、内容を聞く前に見る人の関心を引くことができるというものです。では、どうしたら印象的なタイトルを作ることができるのでしょうか?

タイトルは各ページのもっとも重要な要素の1つ。タイトルの効果的な使い方は、伝えたい**キーメッセージ**を明確・シンプルな言葉で表すことです。タイトルで言いたいことがはっきりと伝われば、内容がその説明だということが伝わり、理解度が深まります。

キーメッセージを最初に伝える

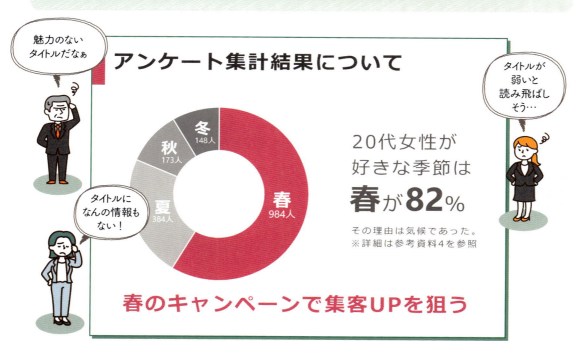

人間が瞬時に「文字とその意味」を理解するには、文章は短いほどよいのです。そのため、長いタイトルは NG。「〜について」「〜のための」といった言い回しや、主語述語もカットできるものは省いたほうがよいでしょう。

キーメッセージは画面の「やや上」に

タイトルはスライドの中央よりもやや上に配置すると目につきやすくなります。またスクリーンに投影したとき、中央や下部とは違い、前の席の人が邪魔で見えない可能性も回避できます。

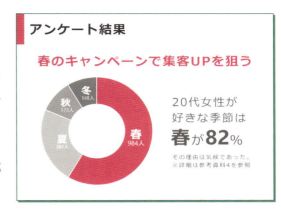

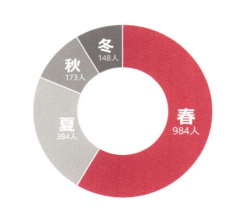

一番最初に目が留まる場所であるタイトルに直接キーメッセージを置くと、スライドの主張が明確になります。最初に伝えたいことが示されているので、聞き手が興味を持ちやすくなったり、内容を理解しやすくなります。

KEYWORD → ☑ 小見出し、インデント

05 小見出しをデザインする

スライドを理解するときの「手がかり」となるのが小見出し。それだけでなく、小見出しはリズムを生み出し、区切りを明確にします。ページに強弱をつけ、リズム感のある資料を作るためには、小見出しをどう活用すればいいでしょうか？

「情報が多すぎて何について書いてあるのかわからない」とならないために使えるのが**小見出し**。単なる要約ではなく、魅力的な言葉で興味を持たせることができれば、より注目を集められるという効果もあります。

小見出しは本文より目立たせる

なんだか文章だけの
つまらない印象だわ…

読む気が起きない
ページですね

小見出しと
本文に強弱が
ないから
単調に見える

小見出しのデザインは重要
　文字の太さに差がないと、非常に読みにくく、見る人にいい印象はありません。
太さと大きさだけではない
　小見出しと本文の文字の大きさを変えることで区別がついて読みやすくなります。
色のほかにも方法は多彩
　小見出しと本文の区別をつけることで文章が長くなった読みやすくなります。

小見出しを効果的に使うには、本文よりも目立たせることが第一。このとき【】でくくったり冒頭に「●」をつけたり下線を引くことがありますがあまり効果がありません。小見出しを目立たせるには、「太さ」「色」「サイズ」を変えるなどの方法が有効です。

文章にインデントはいらない

小見出しと本文の境目がわかりにくいとき、つい**インデント**（一字下げ）を入れたくなるもの。しかし、文頭が不ぞろいだと読みにくくなるので、小見出しの差別化を選びましょう。

インデントは本当に必要？

プレゼン資料なら、普通の段落にインデント（下げ）は不要です。インデントがあると、左端がいに見え、かえって読みにくくなってしまいま

小見出しと本文は左端ぞろえ

左側がそろっていたほうが文章は読みやすくなで小見出しと本文や箇条書きを左ぞろえにするがいいでしょう。余計なインデントはできるだ

インデントを入れなくてもよかったのか！

小見出しが基本色になるだけで見栄えが違う！

大きさや太さを変えるのが基本

小見出しは本文より目立つことが何よりも大切です。フォントサイズを大きくすることや、文字を太くするのが基本です。

色を変えるのも有効

色を変えるのも有効な手段です。色を変えれば、本文より目立つことが確実なので、文字を太くする必要がなくなることもあります。

デザイン次第では改行も可能になります

小見出しデザインのバリエーションはたくさんあります。デザイン次第では、文字を大きくしなくても目立つようにもできます。

小見出しの強調には様々な方法があります

小見出しの強調には、文字のサイズや色、太さのほか、フォントを変えるなど様々な方法がありますが、これらを併用しすぎるのはNGです。本文と差別化ができる「必要最小限」の強調にとどめましょう。

KEYWORD ➡ ☑ 余白

06 余白を大切にする

プレゼン資料のページの左右いっぱい、隅から隅まで文章が書いてあると「読みにくいな」と思ったことはありませんか？ 見やすく読みやすい資料を作るのに大切なのは「余白（マージン）」です。ここでは上手な余白の使い方を見てみましょう。

プレゼン資料では、十分な「**余白**」を作ることで、文字やグラフを見やすくすることが大切です。文字やグラフのサイズを調整して、それぞれの要素の間にスペースをとって余白を生かすことで、同じ情報量であっても、読みやすさや見た目が大きく変わってきます。

余裕を持ったレイアウト

余白の重要性を理解する

大切なのは読みやすさ

余白は読み手に圧迫感を与えないという意味でも重要なこと。どんなに素晴らしい内容であっても、読む人が情報を受け取れないなら、意味がありません。

余白を作れないなら情報過多

余白を作ろうとしても場所がない、というレイアウトになっている場合の多くは、無駄に情報が詰め込まれています。文章や単語、図など削除できるものを考えましょう。

ぎゅうぎゅう詰めの印象…

余白がないと圧迫感が出てしまいます

画面の端まで文字や図を配置するのはNG。スライドが窮屈な印象になり、受け取り手が圧迫感を感じてしまいます。また、プロジェクターでスクリーンに投影したときに、上下左右の端が映らず、切れてしまうことも。余白を取っていれば、そのような事態を避けることができます。

余白には何も配置しない

スライドの周りに余白がないと、窮屈に感じて読みにくくなります。読みやすくするためには、右図のピンク色部分（余白）には、文字も図も置かないようにします。

余白ができると判読性が上がります！

余白の重要性を理解する

大切なのは読みやすさ

余白は読み手に圧迫感を与えないという意味でも重要なこと。どんなに素晴らしい内容であっても、読む人が情報を受け取れないなら、意味がありません。

余白を作れないなら情報過多

余白を作れないレイアウトになっている場合の多くは、無駄に情報が詰め込まれています。文章や単語、図など削除できるものを考えましょう。

すっきりして見た目もよくなります

プレゼン資料では、余白を取ったゆとりのある資料作りを心がけましょう。文字やグラフ、写真などの周囲に本文の文字で1文字分以上の余白を設けます。この余白部分には、小見出しや文字、グラフや写真などを配置しないように意識しましょう。

KEYWORD → ☑ ズレ、左ぞろえ、グリッド線、右端

07 そろえて配置しきれいに見せる

図形や文章などの要素を見やすくレイアウトしたいときは、「とにかくそろえる」ことが第一。不ぞろいだと整理されていない印象になる上、わかりにくいという難点があります。そろえるとどれだけ印象がよくなるか、比べると一目瞭然です。

文章や図形などすべてを縦や横にきっちりとそろえ、**ズレ**がないように配置すると、たとえ同じ要素を配置していたとしても、まったく違った印象を与えます。資料全体をレイアウトするときには、**左ぞろえ**にするのが基本的なルールです。

見えない線を意識してぴったりそろえる

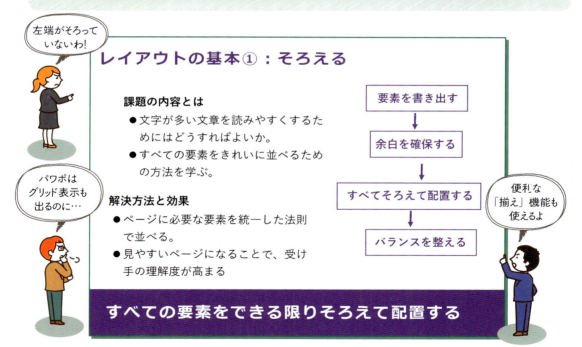

文章やグラフなどの配置を考えるとき、仮想の**グリッド線**（様々な要素をそろえるためのガイド線）を設定してレイアウトするときれいな仕上がりになります。テキストと図の横位置をそろえるだけでバラつき感がなくなり、整理されている印象を与えることができます。

ガイド線を表示してレイアウトを楽に

PowerPointにはグリッド線を表示する「ガイド」機能が装備されています。メニューから表示を選び「ガイド」の横のチェックボックスを選ぶだけでガイド線が表示されます。

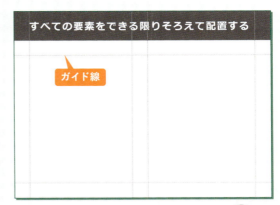

余白の統一も意識しないと忘れがち！

ガイド線を表示するとそろえやすいわ

レイアウトの基本①：そろえる

課題の内容とは
- 文字が多い文章を読みやすくするためにはどうすればよいか。
- すべての要素をきれいに並べるための方法を学ぶ。

解決方法と効果
- ページに必要な要素を統一した法則で並べる。
- 見やすいページになることで、受け手の理解度が高まる

要素を書き出す
↓
余白を確保する
↓
すべてそろえて配置する
↓
バランスを整える

文章の右端はそろっていなくてもOK！

すべての要素をできる限りそろえて配置する

スライドをレイアウトするときは、グリッド線を表示して文章や図形の上位置や左端をそろえます。ただし、短い文章を多用するときは必ずしも文章の**右端**がそろっている必要はありません。上と左のグリッド線を優先してレイアウトすると、きれいなページになります。

KEYWORD → ☑ グループ化、関係性

08 グループ化で読みやすくする

資料の中で関係の強い文章と図や写真などを近くに配置することを「グループ化（グルーピング）」といいます。資料全体の構成やロジックをわかりやすくするためには、グループ化が必要です。では、どんなことに注意したらいいのでしょうか？

1つのスライドの中で、複数の要素を扱う場合には、**グループ化**すると全体の構造を明確にすることができます。逆に、うまくグループ化できていないと各要素の関係がわかりにくくなり、目線が定まらなくなって、読み手に不要な負担をかけることになってしまうのです。

余白を使ってシンプルにグループ化

どちらの写真の説明文かわからない

グループ化すると読みやすくなる

日本在来種のミツバチ
日本に昔からいる在来種のハチ。日本全国の里山などに生息しており、養蜂などを通じて古くから日本人と生活を共にしてきた。

花を選ぶ基準は研究中
日本全国にミツバチが好む花はあり、その種類は多い。好みの理由は味なのか花粉を効率よく集められるからなのかは研究が続けられている。

写真と文章でセットにしましょう

グループ化するときには、**関係性**の近いものは近く、遠いものは遠くに配置するのが基本。小見出しと本文や、関連の深い文と図を接近させたりすることで、直感的に対応するもの同士の関係がわかるようになります。その際、線で囲むのではなく余白を使うのがポイントです。

細かいところでも
グループ化は重要

人は近いもの同士を同じグループだと認識します。右図のように図とその説明が正しくグループ化されていないと右列の写真のグループがわかりにくく、誤解を招きます。

近いものをグループとして見てしまう

日本在来種のミツバチ
日本に昔からいる在来種のハチ。日本全国の里山などに生息しており養蜂などを通じて古くから日本人と生活を共にしてきた（写真①②）。

写真①｜ミツバチ　写真②｜巣

花を選ぶ基準は研究中
日本全国にミツバチが好む花はあり、種類は多い。好みの理由は味なのか花粉の量なのかは研究が続けられている（写真③④）。

写真③｜ヒマワリ　写真④｜タンポポ

> 混乱を招くなら余計なものはカット！

> 余白だけで上と下のグループがわかるわ

グループ化すると読みやすくなる

日本在来種のミツバチ
日本に昔からいる在来種のハチ。日本全国の里山などに生息しており、養蜂などを通じて古くから日本人と生活を共にしてきた。

花を選ぶ基準は研究中
日本全国にミツバチが好む花はあり、その種類は多い。好みの理由は味なのか花粉を効率よく集められるからなのかは研究が続けられている。

> 写真と説明のセットなのがよくわかる！

図や写真がない文章だけの場合でも、グループ化を使えば効果を発揮します。小見出しとそれぞれの項目に関連する文章を区切るために、項目と項目のすき間、つまり余白を広く取ってみましょう。余白をとる・とらないで、見違えるようにページ構成がわかりやすくなります。

02　刺さるメッセージの入れ方とは？

KEYWORD ➡ ☑ 行間、字間

09 行間・字間を美しく整える

スライドを読みやすくしたり、ひと目でわかるようにするためには、文字の配置（タイポグラフィ）が大切です。ちょっとした行間や字間の工夫だけで、文章はずっと読みやすくなります。では、具体的にどのようにすれば、文章は見やすくなるのでしょうか？

文章は、文字サイズ、**行間**、**字間**、行長、段組、インデント、段落、段落間隔などいくつかの要素によって構成されています。それらの要素をうまく調整することで、文章の読みやすさは格段に上がります。

行間・字間の設定で読みやすさUP！

上は初期設定で窮屈に見えます

PowerPointの行間はとにかく「狭い」

調整前（初期設定のまま）の文章

パワーポイントの初期設定はすべてアルファベット用です。日本語用ではありません。そのため、パワーポイントで日本語を書くと、行間が窮屈に感じてしまいます。必ず行間を広げましょう。行間は「倍数」の1.3がおすすめ。

下のように調整すると読みやすくなります

行間を調整後の文章

パワーポイントの初期設定はすべてアルファベット用です。日本語用ではありません。そのため、パワーポイントで日本語を書くと、行間が窮屈に感じてしまいます。必ず行間を広げましょう。行間は「倍数」の1.3がおすすめ。

行間を広げるとこんなに違うのか！

PowerPointの初期設定では、行間が狭すぎて文章が読みにくいので、調整する必要があります。ひと手間を惜しまずに、行間を広く設定しなおすことで、読みやすさと見やすさが格段にアップします。

適正な行間は1文字の0.5～1文字分

行間を整えたい文字を選び、段落の「インデントと行間隔」の「行間」のタブから「倍数」を選んで数値を1.3を設定。だいたい1文字の0.5～1文字分くらいが適正値です。

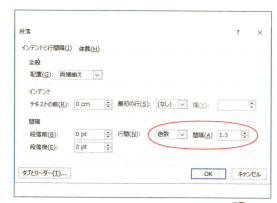

長文だとメイリオも読みにくい！

数値は1.2～1.3。読みやすさが優先です

メイリオだと字間が「窮屈」に感じる

調整前（初期設定のまま）の文章

メイリオのように見やすい文字は字面が大きい傾向にある。字面が大きいと必然的に見かけ上の字間が狭くなり可読性が下がる。字間の調整が望ましい。

調整後の文章

メイリオのように見やすい文字は字面が大きい傾向にある。字面が大きいと必然的に見かけ上の字間が狭くなり可読性が下がる。字間の調整が望ましい。

文章の読みやすさが上と下では段違いだ！

メイリオ・UDフォント・ヒラギノ角ゴシックなどの字面の大きなフォントは、初期設定では字間が狭くなりがち。とくに漢字が続いたり太字の箇所は読みにくくなるので、「字間の設定」でフォントサイズの5～10%ほど字間を空けましょう。

KEYWORD → ☑ 行長、改行

10 行長を整え 読みやすく改行

行間・字間の調整で文章の読みやすさが変わることを覚えたら、次は行長と改行の重要性に目を向けましょう。行長が長くなるほど文章の判読性は落ち、理解度が低くなってしまうからです。そこで読みやすい行長と判読性を上げる改行のやり方を覚えましょう。

文章を読みやすくするために、行間と字間の調整をしても足りないときがあります。それは**行長**が長い文章。1行に入る文字数が多くなるほど、読み手はストレスを感じます。それを軽減するためには、テンポよく読めるようにする**改行**が必要になります。

一行が長くならないようにする

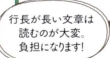

行長とは、文章の1行の長さのこと。横書きなら左から右までの長さを指します。これが長すぎると可読性が低くなります。1行が30文字以上ある文章は、長くて読むのが大変な文章であると覚えましょう。

段落中の改行は SHIFT + ENTER キー

箇条書きや段落中で改行したいときは、ENTER キーをただ押すのではなく、Shift + Enter キーを使いましょう。箇条書きで段落番号が新しく振られることもありません。

段落内改行を使いこなそう！

ただ「Enter」キーを押すと次の行と認識されて行頭に数字などが入ってしまう

「Shift」+「Enter」キーは行頭にインデントありの段落内改行になる

成り行きの改行はなんだか読みにくいわ

改行のたびに行頭に記号などが出てこなくなりますよ！

一行が短いなら改行位置に注意

行長が短いときは改行が頻繁に生じるので改行のやり方が可読性を左右します

文節の途中や<u>単語の途中</u>で成り行き改行をしないことを心がけましょう。

一行が短いなら改行位置に注意

行長が短いときは改行が頻繁に生じるので改行のやり方が可読性を左右します。

文節の途中や<u>単語の途中</u>で成り行き改行をしないことを心がけましょう。

写真の幅を調整するだけで言葉がきれいに入った！

行長が短い場合は改行が増えるので、改行のやり方が重要になってきます。単語の途中や句、節など意味のある言葉の途中で改行にならないように注意。短い行長の場合は、右端がそろっていることより、読みやすく改行することを優先しましょう。

02 刺さるメッセージの入れ方とは？

KEYWORD → ☑ ユニバーサルデザイン、UD、フォント、UDフォント

11 フォントのユニバーサルデザインとは

「3」なのか「8」なのかよくわからなかったり、「ぱ」なのか「ば」なのか判別できないなど、文字を判別しにくい場合があります。次々にスライドが切り替わるプレゼン資料では、読み間違いを減らすようなフォント選びも重要です。

そこで使いたいのが**ユニバーサルデザイン**（**UD**）の**フォント**です。「多くの人にとってわかりやすく読み間違いが少ないこと」ことを目指して作られているので、年齢や性別、障害の有無にかかわらず、さまざまな人にとって読みやすい資料を作ることができます。

だれにでも読みやすいUDフォント

形の違いが明確になっているのね！

小さい文字でも見間違えをしにくいのか！

濁点・半濁点も見やすくなっています

非UDフォント / UDフォント

大きさ / 大きさ
パブ パブ パブ / パブ パブ パブ
368 368 368 / 368 368 368
17Il 17Il 17Il / 17lI 17lI 17lI

ユニバーサルデザインフォントは通常フォントに比べて文字が大きくはっきり見える、視力が衰えたお年寄りや目の不自由な人でも判別しやすく、読みやすいフォントです。「1」と「l」「I」や数字の「6」「3」「8」などの似た文字が識別しやすくなっているのも特徴です。

可読性・視認性の高い UDフォント

遠くからでも読み間違えないように、可読性、視認性、判別性が高い**UDフォント**が近年、数多く実用化されています。高速道路の標識や駅の案内板にも採用されているのです。

文章になると差がはっきりするわね

上がMSゴシック、下がBIZ UDPゴシック。読みやすさが全然違いますよね

通常フォントとの違い

MSゴシックや游ゴシックなど、PowerPointの初期設定で使われることの多いフォントは文字の見た目が小さく少し読みにくい。形が似た字（1，l，Iなど）が区別しにくい。

視認性はメイリオより上

Windowsの最新版に搭載されているBIZ UDPゴシックは誰でも無料で使える日本初のUDフォントです。文字の見た目が大きく読みやすい。形が似た文字（1，l，Iなど）も区別しやすい。

プレゼン資料のフォント選びは、資料の読みやすさに大きな影響を与える要因の1つ。聞き手の多様性に考慮したり、データや文章の読み間違いを避けるためにも、プレゼンの資料にUDフォントを採用することが多くなってきています。

KEYWORD ➡ ☑ 囲み、楕円、キーメッセージ

12 囲みを使いこなす

重要な箇所を強調したり、グループ分けするときに、文字や図表を枠で囲むことがよくあります。この枠を「囲み」といいます。手軽で便利な囲みではありますが、使い方には注意が必要です。

文字や文章を強調したり、いくつかの言葉をグループ化したり、フローチャートを作ったりするときに便利なのが「**囲み**」です。枠の内側や枠線に色をつけることもできるので、とても自由度の高い図形の1つ。しかし、使い方を間違えると、逆効果になってしまうことがあります。

異なる種類の囲みで囲まない

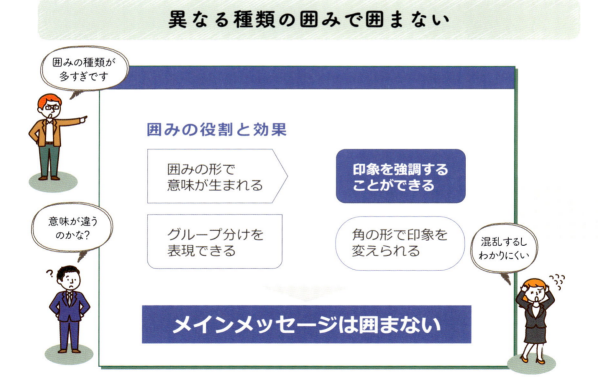

囲みには四角、楕円、角丸四角など、様々な形があります。しかし、1つの資料の中では同じ形の図形で統一するのが基本。色々な形の図家で囲むと全体の統一感が損なわれます。漠然とした印象にならないように注意しましょう。

「楕円」を使うのは なるべく避ける

文字の入れやすさや見やすさ、見た目の美しさから考えても**楕円**はNGです。幅が一定ではないので、枠と文字が接近してしまう箇所ができ、美しく囲むのが難しいのです。

楕円の枠は文字と枠の余白がそろわず汚い

囲みの役割と効果

- 囲みの形で意味が生まれる
- 印象を強調することができる
- グループ分けを表現できる
- 角の形で印象を変えられる

メインメッセージは囲まない

プレゼン資料では、**キーメッセージ**を枠で囲むのは避けます。囲むと枠の分だけ文字が小さくなってしまい強調効果が薄れてしまうほか、見る人に圧迫感を感じさせるので逆効果になります。キーメッセージは、囲みにするよりも大きなフォントで強調したほうが効果が高いのです。

KEYWORD ➡ ☑ **和文、明朝体、ゴシック体**

13 文字の基礎知識

文字の種類において、一貫した特徴や様式（字形）に基づいて分類されるものを「書体」、その中でパソコンなどに搭載されている個々の製品を「フォント」といいます。書体やフォント選びはどうすればうまくいくのでしょうか。

文字は資料の読みやすさや印象に大きく関わるので個性的な書体はNG。**和文**（日本語）では主に**明朝体**や**ゴシック体**を使い分けるのがいいでしょう。書体の選択や使い方で印象や読みやすさが決まってしまうので、書体の基本的な知識を身につける必要があります。

書体の分類

和文の書体は大きく分けて「明朝体」「筆書体」「ゴシック体」「ポップ体」の4つで、欧文は「サンセリフ体」「スクリプト体」「セリフ体」「ポップ体」。格調が高い「筆書体」「スクリプト体」や、親しみやすい「ポップ体」ですが、読みにくいのでプレゼン資料に適しません。

明朝体とゴシック体は和文の基本

明朝体は横線に対して縦線が太く、線の末端に「とめ」「はらい」「ウロコ」があります。ゴシック体は縦線と横線の太さがほぼ同じでウロコもほとんどなく、見やすいのが特徴です。

プレゼン資料
日本語／ゴシック体
英数字／サンセリフ体

文章中心の資料
日本語／明朝体
英数字／セリフ体

プレゼン資料は見せる資料なので、遠くからでも読みやすく、文字がかすれにくいゴシック体とサンセリフ体がおすすめです。それに対して、文章中心のワード文書などでは、明朝体とセリフ体を使用するとよいでしょう。

KEYWORD → ☑ メイリオ、游ゴシック、ヒラギノ角ゴシック

14 メイリオか游ゴシック、ヒラギノ角ゴシックを使おう

プレゼン用のスライドにはゴシック体を使うのが基本。とはいえゴシック体にもいろいろなフォントがあり、中にはスライドで使うには向いていないものもあります。では、どんなゴシック体がプレゼン資料には向いているのでしょうか？

プレゼンは見た目の印象や読みやすさがとても重要です。これらは、フォントによって大きく変わります。あまりきれいではない標準の MS ゴシックや HG ゴシックではなく、**メイリオ**、**游ゴシック**、**ヒラギノ角ゴシック**がおすすめです。

視認性と判読性に優れたメイリオ

MSゴシックはあまり読みやすくありません

MSゴシック　Windowsで一般的だが美しくない
MSゴシック　太字には対応していない（後述）

文章の読みやすさはフォントによって変わってきます。たとえばMSゴシックでの文章もメイリオに変えることで読みやすさの差が出てきます。

太字も用意されています

メイリオ　字形がきれいで読みやすい
メイリオ　太字にすると目立つ

文章の読みやすさはフォントによって変わってきます。たとえばMSゴシックでの文章もメイリオに変えることで読みやすさの差が出てきます。

MSゴシックよりずっと見やすい！

Windowsなら直線部分と曲線部分がはっきりし、ややふくらんだ印象のメイリオがおすすめです。視認性と判読性に優れていて遠くからでも読みやすく、RegularとBoldの2つの太さがあります。その分、長文には不向きなので注意しましょう。

フォントの印象と特徴

プレゼン資料のフォントによる印象の違いは、きれい・きれいではない、モダン・クラシックの2つの軸に分かれます。右の図を参考にして、使用するフォントを選びましょう。

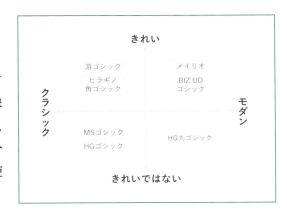

游ゴシックだとより真面目な印象になります

メイリオ　**メイリオ**

Windows搭載のフォントの中でプレゼン向きのフォントはメイリオです。太さが2種類あります。Windows 8.1以上であれば、游ゴシックというフォントもあります。LightとMedium、Boldの3種の太さあります。

游ゴシック　Light／Medium／**Bold**

Windows搭載のフォントの中でプレゼン向きのフォントはメイリオです。太さが2種類あります。Windows 8.1以上であれば、游ゴシックというフォントもあります。LightとMedium、Boldの3種の太さあります。

プレゼン資料では游ゴシックMediumが使いやすいです

Windows 8.1以降、Mac OS 10.9以降では、游ゴシックというフォントが標準搭載されています。これは、メイリオと比べるとやや線が細く、クラシカルなイメージがあるフォント。非常に読みやすく、太さのバリエーションも豊富。プレゼン資料では游ゴシックMediumがおすすめです。

KEYWORD → ☑ **Windows、BIZ UD フォント**

15 Windowsなら標準搭載の UDフォントも

スライドの見え方は、距離や視力、視覚特性によって異なります。できるだけ多くの人にとって見やすいユニバーサルデザインにするには、文字の判読性を高める必要があります。では「判読性の高いフォント」とは、どのようなものなのでしょうか？

判読性が高い和文フォントとは、「字面が大きくフトコロが深い（くびれが小さい）フォント」で **Windows** にはメイリオと **BIZ UD フォント** が標準搭載されています。スライドなどでは判読性の高いフォントを選ぶとよいので迷ったらこれらのフォントを使いましょう。

判読性の高い BIZ UDフォント

MSゴシック（左）に比べてメイリオ（右）は、字面が大きく、フトコロが深いフォントです。英数字にはaとo、Sと5、OとCなどの似た文字が判別しやすい「Segoe UI」などを選ぶようにしましょう。

「教育用の UDフォント」

「UDデジタル教科書体」は、教育現場向けに制作されたUDフォント。字間の設定が「N」「NP」「NK」の3種類あり、それぞれ太字も用意されていて、計6種類があります。

判読性や視認性の高さでは、UDフォントであるBIZ UDゴシックのほうが優れています。Windows 10 October 2018 updateで正式採用されていますので、使用しているPCで使えるなら、どんどん使うのがよいでしょう。

KEYWORD → ☑ 太字、斜体

16 太字や斜体は汚く見えることもある

文字を強調するため、太字（ボールド）を使うのはとても有効な手段です。欧文であれば、斜体を使うことも。その際に注意しなくてはいけないのが、「太字対応」「斜体対応」のフォントを使うことです。

MSゴシックやMS明朝などのフォントは、**太字**が用意されていないフォント。これらのフォントでは無理矢理に太字にする処理がされるので、文字が汚く見えたり、太字の効果が十分に得られなかったりします。

太字（ボールド）に対応したフォントを使う

なんだか違和感…

太字に非対応のフォント　MSゴシックやHGゴシック

無理やり太字にするので汚い
無理やり太字にするので汚い

「B」ボタンを押して「疑似ボールド」にする前。下との差が明確。
「B」ボタンを押して「疑似ボールド」にした後。上との差が明確。

上は無理矢理太くした感じ？

太字に対応のフォント　游ゴシックやメイリオ

太字に対応しているのでキレイ
太字に対応しているのでキレイ

「B」ボタンを押して「正しい太字」にする前。下との差が明確。
「B」ボタンを押して「正しい太字」にした後。上との差が明確。

太字対応のフォントだと読みやすい！

太字に対応したフォントとは、複数のウェイト（太さ）を持つフォントファミリーが搭載されているフォントのこと。標準的なPCに搭載されているメイリオ、游ゴシック、游明朝など太字対応のフォントを使用しましょう。

疑似ボールドは使わない

元々太字がある「真のボールド」と違い「疑似ボールド」はMS Officeで元の字をズラして重ねて太く見せる処理を行ったもので、読みにくかったり、汚く見えたりします。

疑似ボールド
解読困難

真のボールド
解読困難

これは覚えておくと便利ね

擬似ボールドは文字がつぶれてしまいます

太字に非対応のフォント
- MSゴシック
- HGゴシック
- HG創英角ゴシック
- MS明朝

太字に対応のフォント
- メイリオ
- 游ゴシック
- BIZ UDゴシック
- 游明朝

和文フォントはすべて斜体には非対応です。斜体にしないのが望ましいです。

日本語は斜体にできないんだな

和文フォントはすべて**斜体**に対応していないので、斜体にするのは避けたほうがベター。一方、欧文では強調するために斜体を使うことはよくありますが、そんなときは斜体に対応した欧文フォント（Centuryは非対応）を使う必要があります。

KEYWORD → ☑ 文字サイズ、重要度

17 ベストな文字サイズとは？

スライドの文字サイズは、実際にはどのくらいがいいのでしょうか？　大きいほうが見やすくていいと思いがちですが、重要なのは絶対的な文字の大きさよりも、重要度に応じて文字の大きさや太さを相対的に変えることなのです。

文字の大きさや太さに強弱がないと、スライドの画面が単調になり、見ている人も内容を把握しにくくなります。スライドは、見ている人がどこを優先して読むべきかを直感的に判断できるように、**文字サイズ**に強弱をつけ、わかりやすくする必要があります。

重要度に応じて文字に強弱をつける

強弱がなくて単調な資料…

文字サイズで強弱をつける

小見出しは2番目の大きさ
説明の本文は、メッセージ、小見出しの次に大きくします。これはグループの中での関係性と同じように、文字のサイズが小さいことで優先度がひと目でわかるようにするためです。

文字サイズの違いでグループ化
小見出しは2番目の大きさで統一するなど、ページ内のルールが目に見えてわかるかたちになっていると、それぞれのグループの見分けがつきやすくなります。

何が重要かはっきりさせよう！

文字に強弱をつけると、直感的に重要な部分を把握できます。それぞれの文章の**重要度**に順位をつけ、それに応じた文字のサイズを決めていきましょう。優先度が低い部分は小さい文字、タイトルや小見出し、重要な文字は太く、大きな文字にするのが基本です。

太さだけで
サイズに強弱がない

タイトル、小見出し、本文の文字の太さだけ変えても重要な部分がはっきりしません。大きさも変えて読み手の目線を誘導する工夫が必要になってきます。

文字サイズで強弱をつける

小見出しは2番目の大きさ
説明の本文は、メッセージ、小見出しの次に大きくにします。これはグループの中での関係性と同じように、文字のサイズが小さいことで優先度がひと目でわかるようにするためです。

文字サイズの違いでグループ化
小見出しは2番目の大きさで統一するなど、ページ内のルールが目に見えてわかるかたちになっていると、それぞれのグループの見分けがつきやすくなります。

（本文を細くするだけでは、読みやすさに大きな違いなし）

大きさも変えて強弱をつけよう

タイトルを一番目立たせよう

文字サイズで強弱をつける

小見出しは2番目の大きさ
説明の本文は、メッセージ、小見出しの次の大きさにします。これはグループの中での関係性と同じように、文字のサイズが小さいことで優先度がひと目でわかるようにするためです。

文字サイズの違いでグループ化
小見出しは2番目の大きさで統一するなど、ページ内のルールが目に見えてわかるかたちになっていると、それぞれのグループの見分けがつきやすくなります。

スクリーンに投影するプレゼン資料の場合、普通の文章は18〜32pt（ポイント）、強調したい文字列にはそれ以上の大きさ、重要度の低い文章には18pt以下の文字を使うのが目安になります。印刷して使うプレゼン資料なら、文章は8〜12ptにするとよいでしょう。

KEYWORD → ☑ 矢印、変形

18 視線を誘導する矢印は目立ちすぎない色で

文章と文章、図形と図形を結ぶときやフローチャートを作るときなどに便利な矢印。ですが、矢印はあくまで脇役です。ゆがめたり派手な色をつけたりすると、悪目立ちして逆効果になります。ではどのように使えばいいのでしょうか。

矢印は、事柄と事柄をつなぐ補助的な役割を持った図形であり、決して主役になるものではありません。必要以上に大きくしたりして目立たせると、資料の内容を理解する邪魔になってしまいます。うまく矢印を使うコツは、なるべく目立たないような形や配色にすることです。

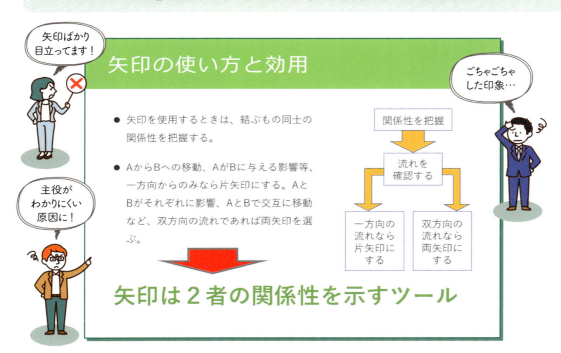

矢印は**変形**させると、見た目が不格好になってしまいます。また、フローチャートなどで使う矢印は、矢じりの形や大きさ、柄の太さをすべて統一するようにしましょう。色は、すでに使っている色を使ったり、淡い色や灰色など目立たない色を使ったりすると、より落ち着いた印象にできます。

矢印がマイナスの印象を与える

右は矢印が目立ちすぎて、キーメッセージが生きていません。しかも下向きの矢印はマイナスの印象を与えるため、ポジティブメッセージなのに、ネガティブな印象を与えてしまいます。

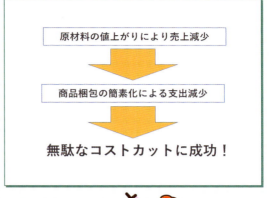

矢印の使い方と効用

- 矢印を使用するときは、結ぶもの同士の関係性を把握する。
- AからBへの移動、AがBに与える影響等、一方向からのみなら片矢印にする。AとBがそれぞれに影響、AとBで交互に移動など、双方向の流れであれば両矢印を選ぶ。

矢印は2者の関係性を示すツール

オブジェクト機能を使って矢印を描くときは、三角形を使うのか、矢印を使うのか、矢印はどんな形の矢印なのかを統一しましょう。変更の前と後を表すときは三角形、物事の順番を表すときは矢印、などのルールを決めておくといいでしょう。

KEYWORD → ☑ 下線、波線、記号

19 文字を強調しすぎない!!

プレゼン資料で文字を強調したいときに、色を変えたり、下線を引いたりしますが、やりすぎは禁物です。文字をシンプルかつ効果的に強調したいときはどうすればいいか、具体的に見ていきましょう。

プレゼンでは、「ここを注目してほしい！」という部分の文字に色を付けたり、サイズを変えたり、**下線**や**波線**、**記号**を付けて強調することがあります。しかし、それらは資料全体の印象をごちゃごちゃにしてしまうことも。強調はシンプルなものがベストです。

強調のしすぎは、ノイズになる

文字の強調の仕方には主に「太字・下線・斜体」がありますが、使いすぎると非常にうるさく、ごちゃごちゃと見づらくなってしまいます。プレゼン資料は「見やすく、わかりやすい」のが第一。複数の強調を併用するのは避けましょう。

86

下線は文字が読みにくくなる一因

「色」「図形」「文章」など要素が多いときに下線を使っても、あまり強調されないため意味はありません。そればかりか、文字が読みにくくなる原因になります。

図形の中に<u>下線は不要！</u>	下線と枠線が連続して見にくい
図形の中に<u>下線は不要！</u>	行間が狭く見えて窮屈になる
図形の中に<u>下線は不要！</u>	種類の違う線が並んで違和感を抱く

下線がないほうが読みやすいな

下線や波線、記号の注意

文章を強調する方法

- ○ 文字のサイズをかえる
- ○ フォントに差をつける
- ○ グループ化する
- ○ 図解化する

- × 下線をつける
- × 波線をつける
- × 記号を追加する

強調の種類が多くなると読みにくい

自然に重要なところに目が行く！

フォントの色や大きさで強調すると、下線は必要ありません。強調がシンプルだと全体がすっきりとして読みやすくなります。もちろん、色やサイズを変えずに、下線だけで強調するのもOKですが、あまり目立たず、強調効果も弱めです。

KEYWORD → ☑ 箇条書き、インデント、グループ化

20 箇条書きを読みやすくする

箇条書きは、プレゼン資料の重要な構成要素の1つです。箇条書きは上手な「そろえ方」をしないと、ガタガタで読みにくいものになってしまいます。箇条書きを使うときには、どんなことに注意すればいいのでしょうか？

箇条書きは、どこまでが1つの項目なのかを瞬時に読み手にわからせる必要があります。ただ「・」をつけるだけでは、項目ごとの区切りが直感的にわかりません。わかりやすい箇条書きにするには、箇条書き機能を使って、さらに少し調整が必要になります。

文字の開始位置をそろえて項目間を広げる

「・」が文章に埋もれているわ！

箇条書きをきれいに見せる方法

・箇条書きをきれいに作るコツは3つあります。
・1つ目は箇条書き機能を使って1行目と2行目以降の開始位置を揃えること。
・2つ目は箇条書きの行頭記号を目立たせること。
・3つ目は行間を適切に空けた上で、段落間隔も適切に空けること。
・これにより全体の構造がわかりやすくなります。

箇条書きは項目間隔にも注意！

なんだか読みにくいのはなぜ？

箇条書きは構造をわかりやすく見せるとよい

まず、箇条書きの2行目以降を1文字分ぶら下げ、**インデント**にして分の開始位置をそろえます。次に箇条書きを項目ごとに**グループ化**していきます。基本的な方法は、項目間（段落間）の間隔を加えること。これで個々の項目が明確になり、どこまでが1つの項目かがわかります。

不要な箇条書きをなくす

小見出しは必ずしも箇条書きにする必要はありません。また、項目が1つしかないなら、箇条書きにしないほうがよいでしょう。箇条書きの記号も必要がなければ使わずともよいのです。

余計な箇条書き構造を作らないようにする

箇条書きをきれいに見せる方法

- 箇条書きをきれいに作るコツは3つあります。
- 1つ目は箇条書き機能を使って1行目と2行目以降の開始位置を揃えること。
- 2つ目は箇条書きの行頭記号を目立たせること。
- 3つ目は行間を適切に空けた上で、段落間隔も適切に空けること。
- これにより全体の構造がわかりやすくなります。

箇条書きは構造をわかりやすく見せるとよい

また、「・」ではなく大きめの「●」を使って強弱をつけることで、箇条書きの開始位置をわかりやすくできます。PowerPointでは、箇条書き機能を使って箇条書きを作りましょう。「箇条書きと段落記号」を選択し、行頭の記号を変更することもできます。

KEYWORD → ☑ 図解、関係性

21 文字ばかりになったら図解にチャレンジ

「伝えたいことが多く、文字だらけの資料になってしまった」という経験をした人は多いのではないでしょうか。そんなときは、文章よりも図解やフローチャートを使うほうが事柄と事柄の関係や流れを示すには効果的です。

図で示すほうが箇条書きよりわかりやすいのが**図解**の特長。いろいろな図解の仕方がありますが、概念を挿絵風にまとめる、物事の流れや因果関係を図で描く、事柄のつながりや階層構造を図で示すなどの方法があるので、内容によって使い分けることが大切です。

図解で内容を直感的にわかるようにする

まとまってはいるケド…

文章は正確だが伝わりにくい

- 効率的かつ**正確に**見る人に情報を伝える
- わかりやすい発表で相手に**いい印象**を与える
- 時間やスペースの制限の中で、わかりやすさを追求することでアイデアが**洗練される**
- 洗練され、わかりやすい資料を使うことでグループ内の共有意識が高まり、**コミュニケーションの促進**など業務の効率化につながる

文字ばかりで話していることと同じ…

読むのに疲れる…

図解は、複雑な情報をわかりやすく伝えるのに非常に効果的です。しかし、内容が正確でも文章だらけでは、聞き手の負担に。それぞれの内容の**関係性**は図解で表現するほうが直感的にわかりやすくなるのでおすすめです。

図解の活用

プレゼン資料では、文字だらけの資料は読んでもらえない可能性もあります。いかに文章を減らし、図解やイラストでメッセージをわかりやすく表現できるかを考えましょう。

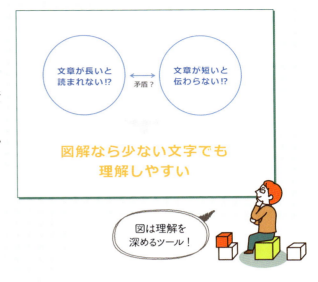

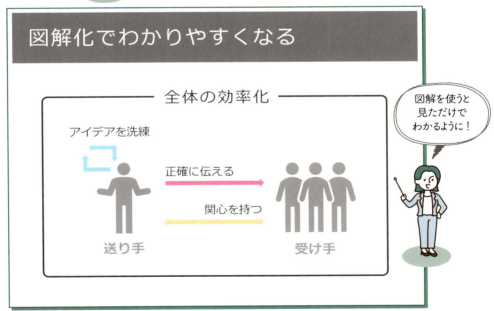

上手に使うと要素の関係性がより理解しやすくなるのが図解のメリット。相互関係や並列など、文章よりメッセージがずっと伝わりやすくなります。また、場合によっては図解ではなくイラストや写真を使うほうがいいこともあるので、ケースによって使い分けましょう。

KEYWORD ➡ ☑ オブジェクト機能、枠線、塗り

22 オブジェクトの装飾効果は控えめに

プレゼンの資料作りでは、丸や四角などのオブジェクトは重宝します。しかし、むやみオブジェクトを使って、さらにそれにまで色を使ってしまうと、悪目立ちすることにもなりかねません。どんなことに注意が必要なのでしょう？

文章を囲んだり、矢印や円などを使うと、内容をわかりやすく示すことができるので、**オブジェクト機能**は便利です。しかし、文字が多いときに**枠線**が増えると読みにくくなってしまいます。文字が多いときには枠線を使うことを控える、と覚えておきましょう。

「塗り」と「枠」はどちらかだけ

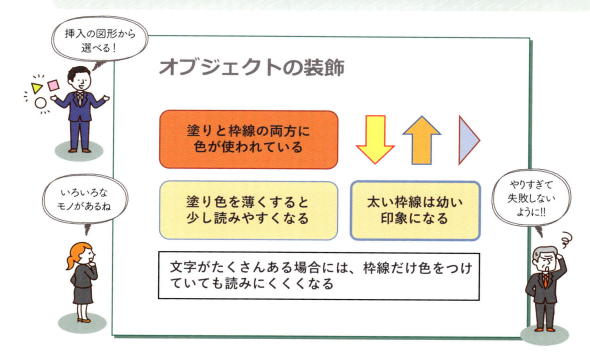

オブジェクト機能では「塗りつぶし（**塗り**）」と「枠線」の両方に色を設定することができます。このとき、1つのオブジェクトの「塗り」と「枠線」の両方に色をつけると、やりすぎになってしまいます。色をつけるのは「塗り」だけ、あるいは「枠線」だけにしましょう。

オブジェクトはシンプルに

プレゼン資料で使うオブジェクトはなるべくシンプルにしましょう。あまり色が派手すぎると内容に集中できません。また、影や立体感、グラデーションはないほうが見やすくなります。

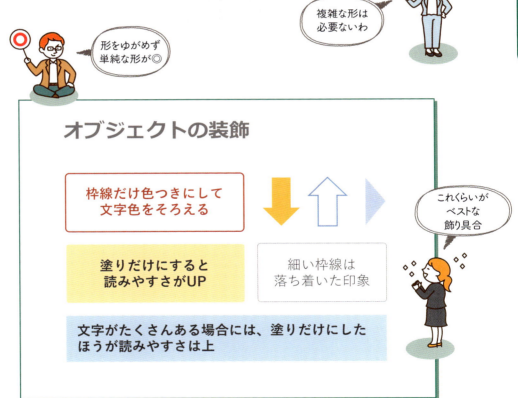

図形に枠線を付ける際、枠線の太さを設定することができます。一般的には、線が細いほどまじめで落ち着いた雰囲気を出すことができ、太いほど優しくやわらかな印象を与えます。文字より太い線は、色を使うよりもかえって煩雑な印象を与えるので注意が必要です。

KEYWORD ➡ ☑ オブジェクト、色数、ガタつき

23 図解はシンプルに作る

複数のオブジェクトを組み合わせて作る図解は、要素が増えていくにつれてごちゃごちゃして見にくくなってしまいがち。見る人が直感的に理解できるように、できる限りシンプルに作ることが重要なポイントです。

図解で**オブジェクト**を使うときも、枠と塗りの両方に色をつけるのはNG。形もなるべく同じ形を選び、種類を増やさないことが大切です。角の丸い四角や楕円はサイズや角度にバラつきが出て美しくそろわないので使わないでおきましょう。

図解は色数を減らしてシンプルに

図解の色は最小限でおさえる

図解を作るときには、**色数**を増やさないことも大切です。たくさんの色を使うと、まとまりのない印象になって見せたいものの焦点がぼやけてしまいます。色数を増やしたいときは、同系色の濃淡で塗り分けたり、灰色などの無彩色を使って違いを表現するのがコツです。

位置と大きさをそろえ、枠内に余白を

フローチャートは枠の大きさや位置に注意。**ガタつき**は見栄えを悪くするので、文字数が多い枠に幅をそろえます。また、枠内には必ず余白をとりましょう。

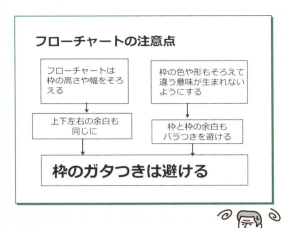

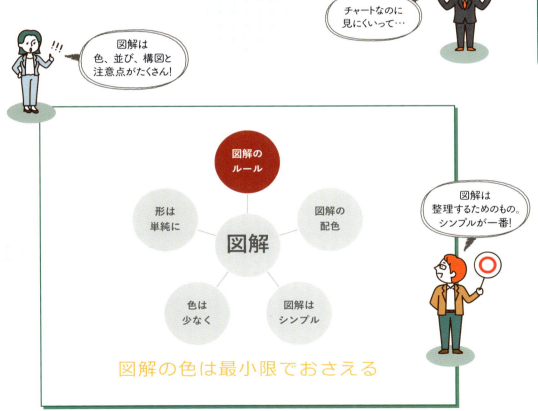

図解の色は最小限でおさえる

鮮やかで明るい色は淡く暗い色よりも目を引きます。特に赤やオレンジは緑や青よりも誘引力が強い色です。重要な箇所には目を引く色、それ以外の箇所は淡い色、などと色分けの工夫も使いこなしてグラフを作りましょう。

column 02

プレゼン資料作成のために
覚えておきたい！
プレゼン用語集

メッセージ編

☑ KEYWORD
レイアウト

レイアウトとは、画像やテキスト、色などを「どこにどう配置するか」といった割り付けのこと。関連性の高いもの同士を近づけ、逆に低いものは遠ざけて配置するなどレイアウトにより理解度を高めることができる。

☑ KEYWORD
グリッド

グリッドとは、格子状であったり、方眼のように縦横に分けられたような画面上での升目。これに合わせて文字や画像といった要素を配置することで、きれいなラインのすっきりしたレイアウトにできる。

KEYWORD

文字組み

文字組みとは、文章を文字列や段落で組み合わせること、または組み合わせたグループを指す。欧文は縦書きにできないが、日本語などの和文であれば、縦書き・横書きどちらにも対応できる。

KEYWORD

ユニバーサルデザイン

元はノースカロライナ州立大学のロナルド・メイス氏によって考案された建築などにおけるデザインのひとつ。現在は、障害の有無や、文化や性別などの違いを超えてだれもが利用できることに準拠したデザインのことを表す。

KEYWORD

図解

図解とは、チャートやグラフなどに代表される表現技法。プレゼンの説明の際などに使用される。煩雑に思える数値などを図式化することで、読み手の理解度やプレゼンの説得力を高めるのに効果を発揮する。

KEYWORD

オブジェクト

オブジェクトとは、PowerPoint のスライドなどに配置する、アイコンや図形などのこと。図表やテキストのように文書に直接挿入するもののほか、書式やデザインといった規定のコンテンツも含まれる。

02

☑ KEYWORD

オブジェクトのグループ化

グループ化とは、図形や図、テキストなどの独立したオブジェクトを1つにまとめること。移動やサイズの変更をするときに1つずつではなくまとめて操作でき、作業の効率化に役立つ。

☑ KEYWORD

オブジェクトの位置

図形や図などのオブジェクトをそろえて配置したいときに、左端・中央・右端・上部などにそろえて配置できる。PowerPointでは標準でグリッドとガイド機能が働き、0.2cm単位でオブジェクトの移動が可能。

☑ KEYWORD

グリッドとガイド

グリッドとは、オブジェクトを配置する目安になるページ内に一定間隔で表示される縦線や横線のこと。ガイドは、ページ内にオブジェクトを配置するときに配置が可能なスペースを定める基準線のことを指す。

☑ KEYWORD

インデントと行間幅

インデントとは、段落の行頭を下げたりする文字組みのことで、字下げとも呼ばれる。行間幅とは、テキストの行と行の幅のことで、広くすることで文字の読みやすさを上げることができる。

chapter 03

グラフが決まれば パッと結論が出る

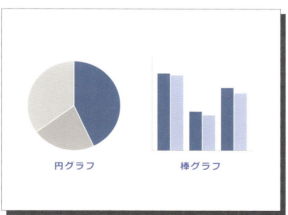

ひと目でパッとわかるグラフがあれば
プレゼンでの提案採用がグッと上がります。
気をつけるポイントを覚えてしまえば、
気の利いたグラフをいつでも作れます。

KEYWORD ➡ ☑ 数値、表

01 グラフは視覚的に数値をアピールするもの

プレゼンに説得力を持たせるのに最も重要なものは、データ（数値）です。伝えたいメッセージの根拠となるデータを、いかに決裁者に強く印象づけるか、これができるかどうかで採択率は大きく違ってきます。

プレゼン資料でデータ（**数値**）を入れるときのポイントは、パッと見てわかりやすいこと。数字を見せたいといっても、エクセルの**表**のままでは見にくいのでグラフに直しましょう。円グラフ・棒グラフ・折れ線グラフ……、内容に合わせて、最良のグラフを選ぶようにしましょう。

適したグラフを選ぶ

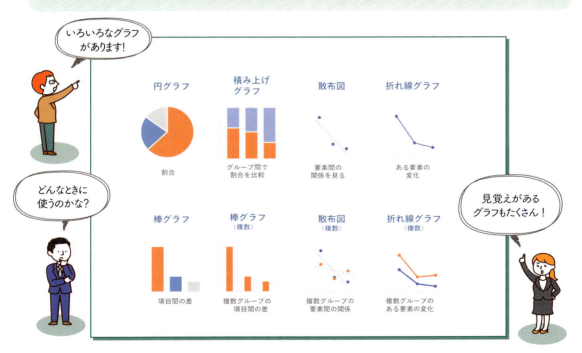

データ報告などで、文字やエクセルの表を入れるのは見にくいのでグラフにするのがおすすめ。そのとき、同じデータ（数値）を入れるとしても、グループ同士の比較なら棒グラフ、割合を示すなら円グラフ、推移を示すなら折れ線グラフと、内容によって適したグラフは異なります。

100

正確な数字を表示したいときは表

グラフのほうがパッと見たときの理解度は高いのですが、正確な数字を示したい場合には表で数字を提示しましょう。じっくりと読む資料の場合は表で丁寧に示すのがよいのです。

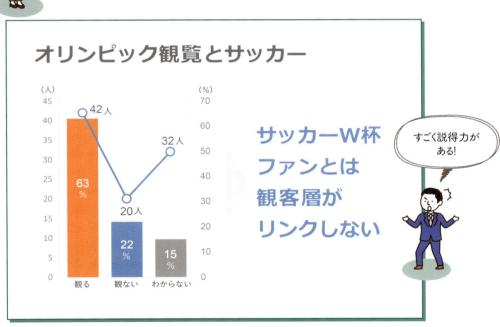

プレゼン資料では、文章でデータを示すよりも、グラフで説明するほうが、受け取り手の理解度があがります。そのとき注意したいのが、どのグラフにするかという選択。使うべきグラフを間違えるとメッセージがきちんと伝わらないことがあります。

KEYWORD → ☑ グラフ、キーメッセージ

02 1ページにグラフは1つ

見る人にわかりやすいグラフですが、ただ入れればよいわけではありません。適切な種類のグラフであることはもちろん、結論へ導くための根拠である必要があります。ただし、結論に対して根拠が多くなると見る側が混乱するので、最も効果的なグラフ1つに絞りましょう。

どんな**グラフ**がよいのかは内容によって変わってきます。このとき何がよいかわからないからといって、安易に複数のグラフを入れてしまうのはNG。本当に示す必要のあるデータに絞って、シンプルなプレゼンを目指しましょう。

グラフが複数あるとわかりにくい

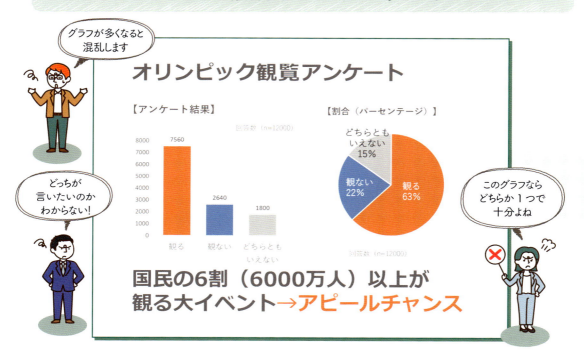

グラフを使う上での基本は「1ページにグラフは1つ」のルール。1ページにグラフがいくつも並んでいると、1つ1つのグラフが小さくなり、それだけで見にくくなります。項目や数値などが小さいグラフがたくさん並んでいると、読み取るのに時間がかかってしまいます。

複数のグラフを1つにまとめない

1ページにグラフは1つ。「何を伝えたいのか」を考えれば、余計なものは削れます。棒と折れ線を重ねたグラフは、まとめるメリットより見にくさが上回るのでNG。

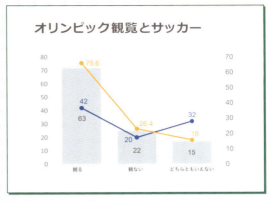

1つのグラフの結論は1つ!

違ったことを示すグラフは一緒にしない!

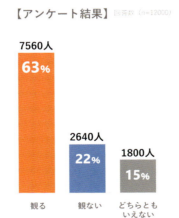

グラフが根拠として効いています

アピールチャンス!

大切なのはそのグラフで何を伝えるのかを明確にすること。データだけ示すのではなく、対応する結論もきちんと示しましょう。そのときは、グラフを左、キーメッセージを右に置くと、見やすいのでおすすめです。グラフを左、**キーメッセージ**を右に置くと見やすいのでおすすめです。

103

KEYWORD ➡ ☑ 目盛線、濃淡、塗り、枠線

03 グラフは線や色を増やしすぎないように作る

グラフは量の比較や推移など、文章で説明するよりも見た目で直感的に理解できるので、プレゼン資料では重宝するものです。しかし、グラフに余計な色や線をつけると、かえってごちゃごちゃして見にくくなるので注意しましょう。

根拠をグラフで説明するときに気をつけたいのが、目立たせたいからといって余計な装飾をしてしまうこと。色を細かく分けたり、強調しようとして枠線をつけるなど、余計な色や線を増やすことで、グラフの見やすさを損なうことがあります。

足し算の飾りは見えにくい

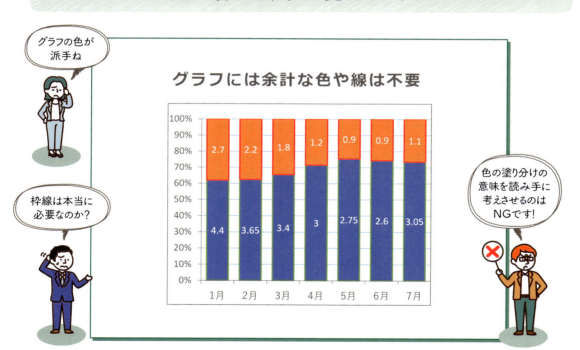

グラフで要素を目立たせたいからといってたくさんの色を使って塗り分けたり、枠線をつけるのはNG。見やすさを上げるためには、標準で表示される**目盛線**など余分な項目を取り除くほうがよいのです。足し算より引き算で、大切な要素を目立たせることを心がけましょう。

塗り色の変更で十分に見やすくなる

グラフが見やすいように修正するときは、枠線を付け加える、太くする、色を変える、などは避けましょう。棒の色などがうすいときは、枠をつけるのではなく色自体を変えます。

枠線を外して明度を上げたほうが見やすくなります

見やすさを増すためには濃淡などがおすすめ

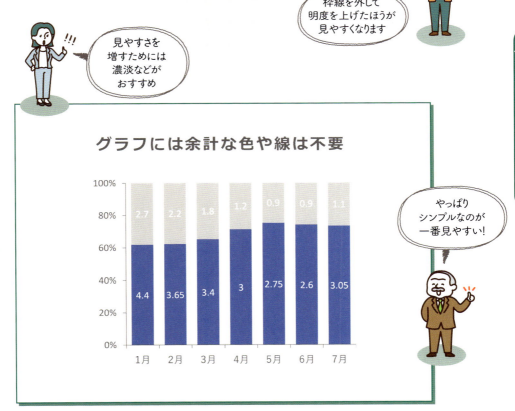

やっぱりシンプルなのが一番見やすい！

グラフの中で要素別に色をつけるより、図形を1つのカラーで統一して区別するほうが、ページがまとまって見えます。その際は、色の**濃淡**やグレーを使って差をつけるのがおすすめ。また、**塗り**か**枠線**かはどちらかに絞ると、必要以上に目立つことを防げます。

KEYWORD → ☑ 立体化、補助線

04 余計な補助線、立体化は不要

補助線を引いたり、文字を立体化したり、グラデーションをかけたり……。見やすくてよいデザインの基本は「無駄なもの」を削ること。一生懸命作っても無駄な要素が入っていれば、見にくいと言われることもあります。ではなにが不要なのでしょうか？

プレゼン資料において**立体化**やグラデーション、影といった要素は、内容を正確に伝えるために特に必要なものではありません。また、「なぜその**補助線**を使うのか」という問いに明確な答えが用意できなければ、デザイン的には「無駄なもの」と判断するべきなのです。

実数がわかりにくい立体グラフ

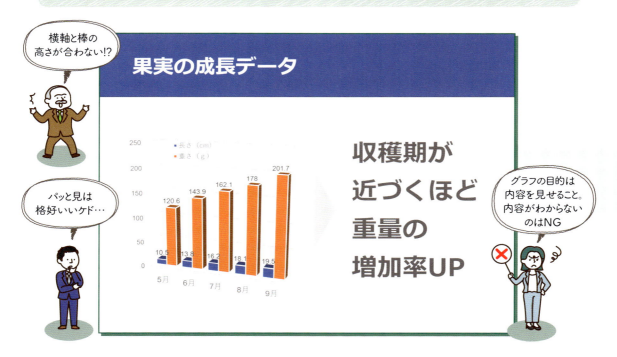

グラフを入れるときのポイントは「見せたい」ものだけを用意することです。伝えたいことと関係ない項目などは、すべてカットしてしまいましょう。一見きれいで情報が多そうな立体グラフも、実数がひと目ではわかりにくいなど、実用性が低いのでNGです。

余計な補助線は
カットする

基本的なグラフの棒グラフには目盛の補助線が入っていますが、目障りになるうえ、なくても大きくは変わりません。必要性・必然性のない補助線は削っても問題ないのです。

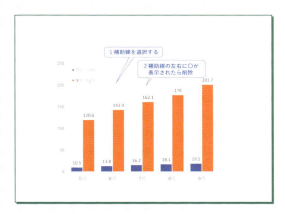

立体グラフが NG の理由は、実数が見えにくくなることのほかに、普通の棒グラフに比べて隣と比較しにくいことがあります。そのため、棒グラフを作るときは、立体グラフは選択肢から完全に外して OK。必要性のない罫線がないか注意するようにしましょう。

KEYWORD ➡ ☑ 色覚特性、UD、破線、模様、明度

05 グラフのユニバーサルデザイン化

ユニバーサルデザイン（UD）とは、文化・言語・国籍や年齢・性別などの違い、障害の有無や能力差などにかかわらず利用できることを目指したデザインのことです。プレゼンの資料も、UDを意識するとより多くの人に情報を伝えることができます。

色の見え方は人によってさまざまです。色の見え方が一般の人と異なる**色覚特性**の人が国内だけでも数百万人います。つまり、色分けに頼ってしまうと、そのような人には理解してもらえません。色だけではなく、だれにでもわかりやすい **UD** を心がけましょう。

グラフもユニバーサルデザインに

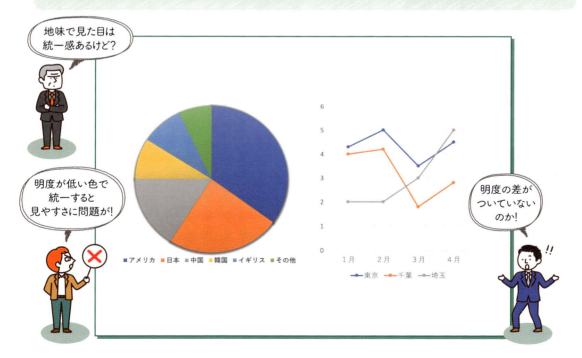

たくさんの色を使ったデザインはわかりにくいものですが、グラフを作るときも同様です。線は実線や**破線**、塗りは**模様**（パターン）などを組み合わせて、色だけでなく識別できるように作成しましょう。線は差がわかるように細すぎるものは避けるのが正解です。

明度や彩度の違いで塗りわける

色には「色相」「**明度**」「彩度」の3つの要素がありますが、グラフの各要素を塗り分けるときは、色調の違いではなく明度や彩度の違いで塗りわけるとUDになります。

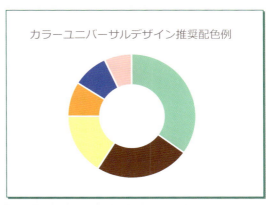

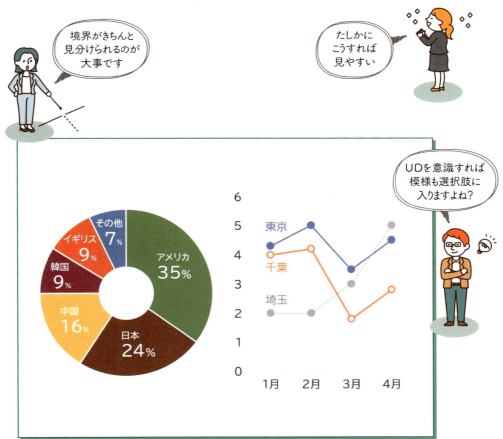

凡例はグラフの外にあるよりも、グラフの中にあったほうが、だれにでもわかりやすいグラフになります。また、凡例のフォントも、標準フォントのままではなく、読みやすいフォントに変えるのを忘れないようにしましょう。数字は欧文フォントにしたほうが見やすくなります。

KEYWORD → ☑ 変化、矢印、注目ポイント

06 変化の読み方を矢印で示す

グラフは、エクセルなどを使えば簡単に作ることができます。しかし、作ったグラフをそのまま貼り付けるだけでは重要なメッセージが伝わらないことも。グラフの大事な部分に要素をプラスして、メッセージをより伝わりやすくしてみましょう。

グラフのインパクトは、変化の大きさで生まれます。その**変化**が理解できるように補助するのが**矢印**です。しかし、ただ矢印を置くだけでは効果的ではありません。メッセージとともに配置することで変化を強く印象づけることができます。

グラフに矢印を付けて注目度UP

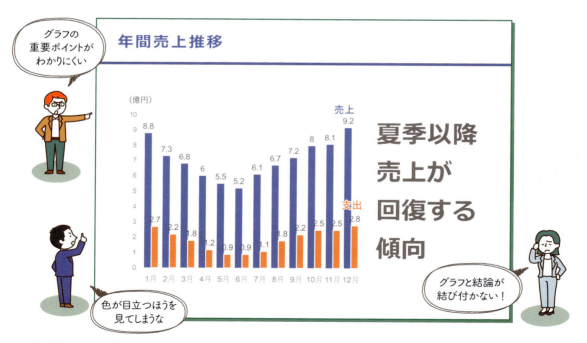

見た目のシンプルさをキープしながら、伝えたいことを強調するやり方の1つが矢印を使う方法。右肩上がりのグラフに矢印を添えると、より好調さが強調されます。**注目ポイント**がどこであるかをはっきりさせ、強力にアピールすることができます。

グラフの表現力をアップさせる

グラフは横に伸ばしすぎると、変化を捉えにくくなります。必要に応じて間のグラフを削除したり、縦横比を変えたりして、データが正確に読めるようにします。

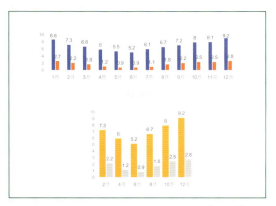

値の増減を見やすくするためにはグラフを横長にしすぎないように注意しましょう。また、縦軸の最小値と最大値を図の書式設定で調整するのも、増減をわかりやすくするために有効な手段の1つです。

KEYWORD → ☑ 単位、欧文フォント、フォントサイズ、カラー

07 大事な数字にインパクトを

「50％アップ」の表示のように、具体的な数値を強調したい場合があります。プレゼンスライドでは、数値の見せ方ひとつで絶大なインパクトを与えることができます。ぜひ活用しましょう。

プレゼン資料で数字を強調する場合は「**単位**」の文字が大きすぎると数値のインパクトが弱くなり、「数値」を認識したり、記憶したりしにくくなります。判読性・認識性を上げるには、単位を小さくするのが必須なのです。

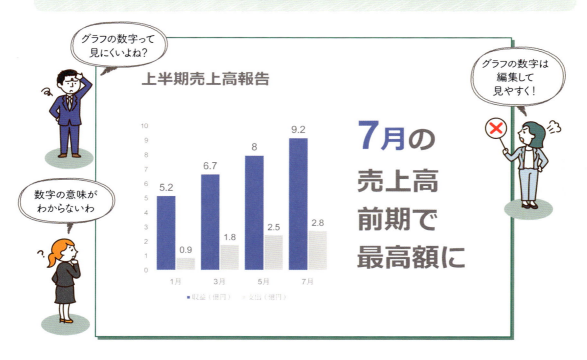

グラフでも単位は小さく表示する

数値の単位のほかにも、「曜日」や「月日」も単位と同様で、曜日や日にちを強く強調することができます。また、数字は和文フォントではなく**欧文フォント**のほうが、見やすさがアップ。グラフの中にも、できる限り数値近くに単位を付けるといいでしょう。

数字の大きさが同じだと目立たない

グラフの数値の**フォントサイズ**が同じで、棒グラフの色がすべて同じだと、数値の増減が伝わりません。数値の変化でインパクトを与えるには、フォントサイズの強弱や色使いの工夫が必要です。

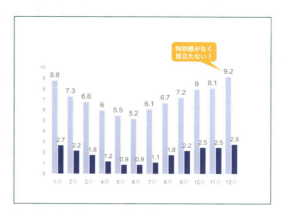

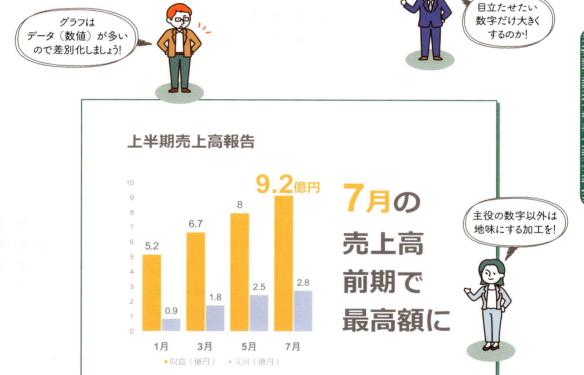

グラフで見せたい数字を大きくしたり、その部分だけ**カラー**にしたりすると、パッと見た瞬間に目に留まりインパクトを与えることができます。その際は、より目立つように不要な罫線などを削除して、背景をシンプルにしておきましょう。

KEYWORD → ☑ 量的な差、視覚的、項目数

08 棒グラフは グループ間の比較

プレゼン資料にとどまらず、報告書類などでも活躍するグラフ。中でもいちばんよく目にするグラフといえば棒グラフです。しかし、なぜ棒グラフを使うのでしょうか？ その理由を理解して、より効果的に使えるようになりましょう。

プレゼン資料ではデータの集計結果などで使用する機会が多い棒グラフ。その理由は、収支などよく扱う情報を表すのに非常に効果的だからです。棒グラフは「**量的な差**」の表示において、直感的に訴えかける効果が高いのです。

棒グラフは数値の比較

棒グラフは1本の棒だけ置くことはほとんどなく、いくつかを並べて使います。これは、横に並んでいることで「どのくらい差があるか」が**視覚的**にわかりやすいため。裏を返せば、会社ごとや部署ごとなど、差を明確に出すときには棒グラフを使うのが正解なのです。

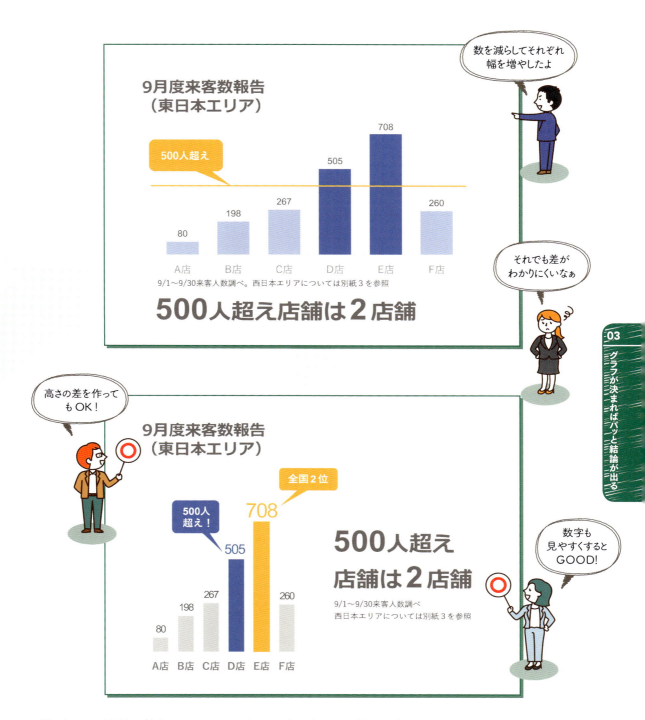

　棒グラフを資料で使うときは、**項目数**も必要な分だけに絞って使いましょう。項目名が多くなるほど余計な情報が多くなり、わかりにくくなります。多くても5つくらいに絞り、それ以上必要な場合はアペンディックスに掲載して、その旨を記載すればよいのです。

KEYWORD ➡ ☑ 項目名、文字数

09 項目名が長いときは横向きの棒グラフ

棒グラフを使えば量の差を示すことができますが、アンケートなど「項目名」が重要な場面には「縦」の棒グラフが不便に感じることもあります。そんなときは、長い項目名でも対応ができる横向きの棒グラフが適しています。

縦向きの棒グラフで**項目名**が長いときは略して短くする必要が出てきます。または凡例に変更ですが直接的な視覚効果を損なうため、できれば避けたいもの。そんなときには、ある程度の**文字数**を入れられる横向きの棒グラフが便利です。

横向き棒グラフも便利

うわ、項目名が読みにくい！

凡例にするとわかりにくいし…

項目名が長いとわかりにくい

2019年人気犬種アンケート

順位	犬種	数
1	トイプードル	20427
2	チワワ	15295
3	MIX	11786
4	柴犬	8123
5	ミニチュアダックスフンド	6033
6	ポメラニアン	5226
7	ミニチュアシュナウザー	3235
8	ヨークシャーテリア	2817
9	シーズー	2359
10	フレンチブルドッグ	2217

(株)富士経済発行
「2019年ペット関連市場マーケティング総覧」調査

棒グラフは縦にこだわらなくてもOK！

縦グラフだと項目間の変化を捉えにくい

縦向きの棒グラフだと、項目名が長いと斜めになったりして読みにくくなります。縦にしてみても項目名がスペースを取ってしまい、そのせいで棒（バー）を長くできず、数値の差がわかりにくくなることも。そんなときに便利なのが横向き棒グラフです。

長すぎる項目名を改行して見やすく

項目名が長すぎる場合は、項目名の改行をしましょう。「データの編集」を選び、元データのセル内で「文字列の改行（Alt + Enter）」をすると、グラフ内の項目名も改行されます。

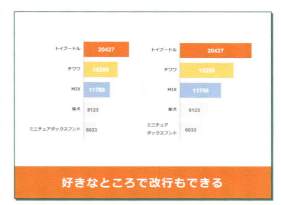

好きなところで改行もできる

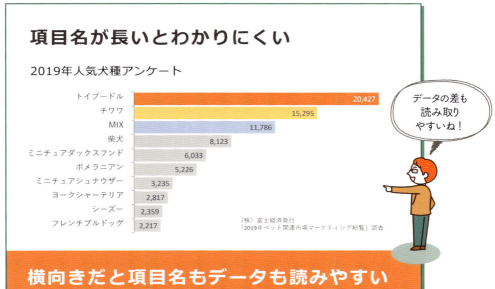

横向き棒グラフを使うときの注意点は、文字数を入れられるとはいえ項目名を長文にしないこと。アンケートの回答が「〜だから」という形でも、短くまとめるようにしましょう。さらに、横向きグラフを横に伸ばすと、数値の差も読み取りやすくなります。

KEYWORD → ☑ 割合、実数、内訳

10 割合は円グラフか積み上げグラフ

棒グラフは「量の差」を表す以外にも「割合」を示すときに使われるものもあります。その割合を示す棒グラフは「積み上げグラフ」と呼ばれますが、「割合」を表すのによく使われる円グラフと何が違うのでしょうか？

割合（パーセンテージ）を示すグラフは円グラフと積み上げグラフ。積み上げグラフが円グラフと違うのは、円グラフと同様に単に割合を示すだけのものと、割合と**実数**を同時に表示するものという2種類がある点です。

積み上げグラフが活躍するシーン

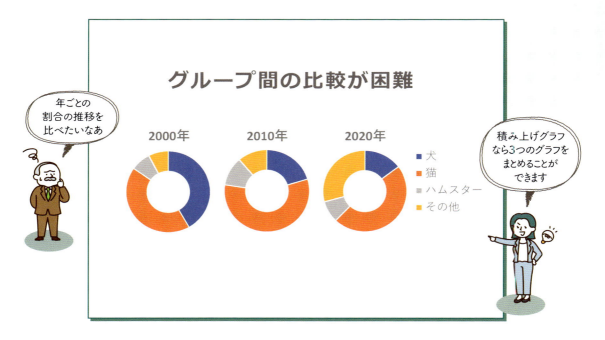

たとえば上のグラフのように、単に割合だけを示したいときは、円グラフでOK。しかし、円グラフは複数のグループを比較するには不向きです。そこで使うのが百分率で項目ごとに色分けした積み上げグラフ。ただし、これでは実数の差を表現することはできません。

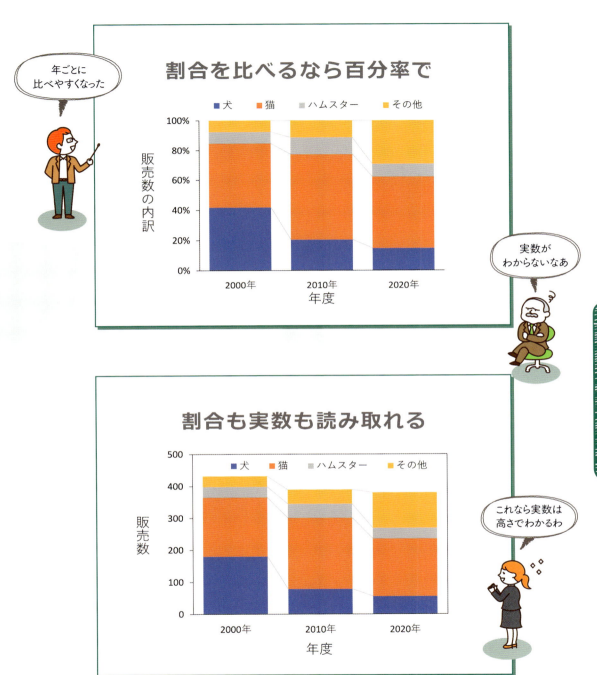

縦軸を百分率（％）にしなければ、実数も同様に表すことができます。気をつけたいのが、実数に差がありすぎる項目を並べないこと。差がありすぎると棒が長い項目と短い項目を並べている意味がなくなるためです。積み上げグラフは月次の推移などで**内訳**を比較するときに便利です。

KEYWORD → ☑ プロット、変動、推移

11 変化を表すなら折れ線グラフ

「量の差」を表す棒グラフ、「割合」を表す円グラフと並んで、よく使われるのが折れ線グラフです。しかし、棒グラフ・円グラフとの使い分けを明確に答えられる人は意外に少ないので、何を示すのに適しているのか覚えてしまいましょう。

折れ線グラフでは、棒グラフと同じようにある項目の量を示すことができます。しかし、棒グラフと違って、値（**プロット**）を線でつなぐことに意味があります。それは、値が時間の経過でどう動いたかが「見える化」できること。一定の期間内の**変動**がわかるのです。

折れ線グラフは時系列を表すのに最適

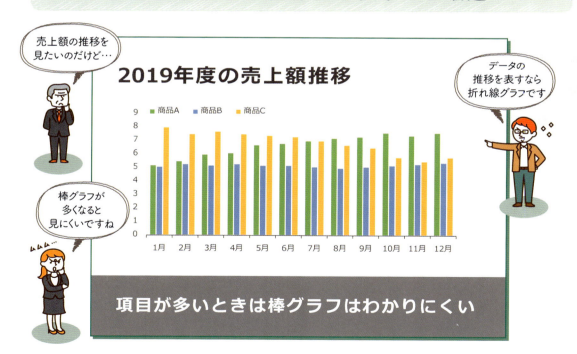

たとえば月ごとの売上額の**推移**を表そうとするとき、対象となる商品が1つだけであれば棒グラフで十分。しかし、複数の商品を表示すると、棒の数が増えてわかりにくくなります。そんなとき折れ線グラフなら複数の商品の推移をひと目で伝えられます。

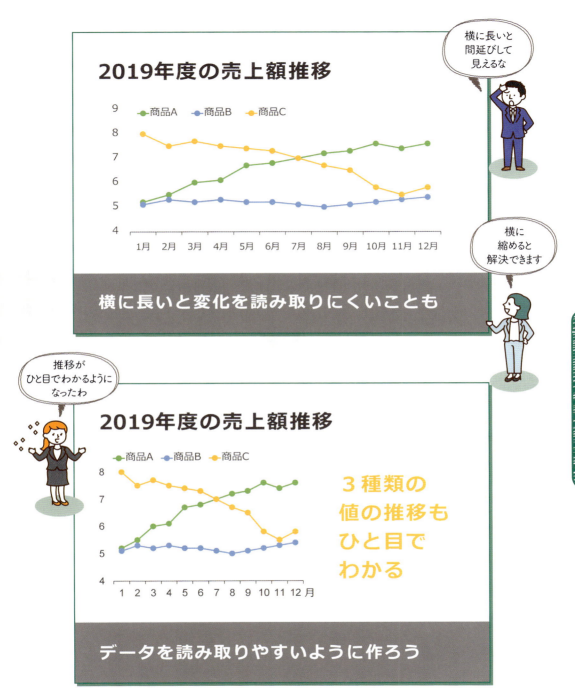

折れ線グラフは複数の推移を表現するときに非常に役立ちますが、横軸の長さには注意が必要です。横軸の幅を長くすると動きが目立ちにくくなってしまいます。折れ線グラフを使うときは横軸の幅を短く、メリハリが出すのが正解です。

KEYWORD ➡ ☑ 散布図、関係性、変化、書式設定

12 関係を示すなら散布図

散布図とは、横軸と縦軸の両方の要素が当てはまるところに点を置いてデータを表すグラフ。縦軸と横軸の2つの要素にどんな関係があるのかを知りたいときに、非常にわかりやすいグラフです。

棒グラフや折れ線グラフ、円グラフなどと比べると、あまりなじみがない**散布図**。しかし、店舗ごとの売場面積と売上高の関係、子どもの身長と体重の関係など、主に**関係性**を示すデータの分布を表現する場合に使われるものです。

2軸の関係性を表現する

表だと関係性は読みにくい！

店舗規模と売上額の関係なら散布図

店舗規模 (席数)	東京 (売上 万円)	千葉 (売上 万円)
65	778	94
150	454	212
250	782	388
275	656	462
300	612	284
300	678	368
400	756	474
500	765	905
500	854	743
550	550	942
800	678	872
800	776	981

店舗規模の効果は地域によって異なった

数字だけだとわからないわ

散布図は、横軸の要素の違いによって、縦軸の要素がどのように**変化**していくのかを示すもの。横軸は「原因」縦軸は「結果」になります。プレゼン資料ではマーケットのターゲット設定や、ある事柄の因果関係などを示す説明用のグラフとして使われます。

散布図はプロットの見やすさを重視

散布図も見やすさ重視なので、プロットに影をつけていたり、鮮やかな色はNG。軸の数字が和文フォントのままだと可読性が低くなるので、それぞれグラフの**書式設定**を開いて変えます。

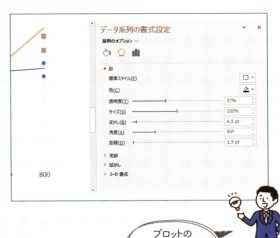

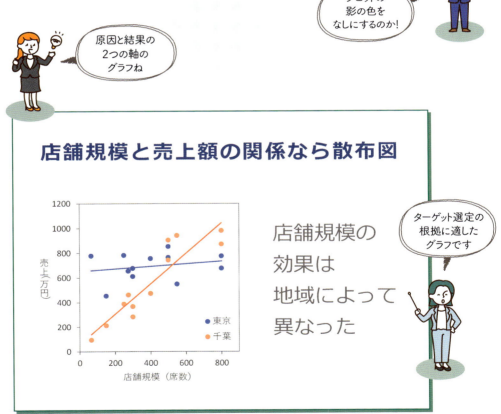

2つの要素間の関係は、数値や表で表すよりも、プロットの散らばり具合が目で見てわかる散布図で示すほうがよいでしょう。エクセルでは、2つの要素の関係性をわかりやすく表現する近似直線を描くこともできます。

KEYWORD → ☑ ポジショニング、優位性、比較基準、配置

13 位置付けを明確に示す ポジショニング・グラフ

ポジショニングとは、競合する他社との市場での位置づけをすることを意味する言葉。散布図の１つであるポジショニング・グラフは、項目同士の「広がり」や「まとまり」を把握したり、表したいときに使います。

社外プレゼンで必須となるのが**ポジショニング**・グラフです。これは、プレゼン相手が競合する商品・サービスとの差異に常に気を配っているため。ポジショニング・グラフでは、いかにそのサービスや商品が他社に対して「**優位性**」を持つかを明確に示さなければなりません。

優位性をアピールする

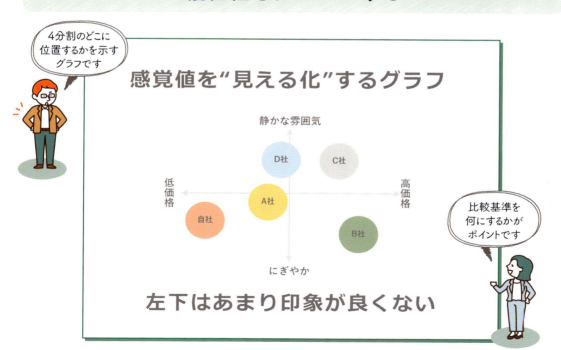

ポジショニング・グラフは４つの領域に分けて表示しますが、優位性をアピールするには縦軸・横軸の２つの「**比較基準**」選びが大切です。比較基準を決める際は、有益な優位性であるという結果が導かれる基準を選び出す視点が必要になります。

自社は必ず右上に来るように配置する

目立たせたいポイント（自社のサービスや商品）が左下にくるグラフだと、他社に劣るイメージになるので比較基準の**配置**に注意。時系列も必ず左から右へ流すようにしましょう。

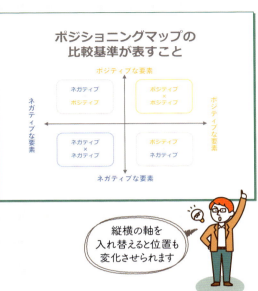

縦横の軸を入れ替えると位置も変化させられます

左下だとダメに見えるケド…

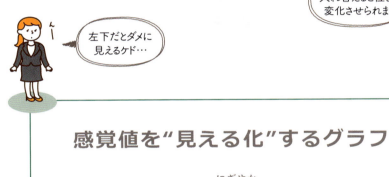

左下ではなく右上に位置することでイメージもUP！

「右肩上がり」という言葉が示すように、グラフの右上に目立たせたいもの（自社のサービスや商品など）を置くとポジティブな印象を与えられます。丸など範囲を示す図形の代わりに写真を置くとさらに視覚的にアピールできます。

KEYWORD → ☑ 立体グラフ、ポイント、統一感

14 エクセルで棒グラフをデザインする

エクセルで作るグラフで圧倒的に多く使われる棒グラフ。PowerPoint でも大活躍します。そのときに注意したいのが、エクセルの標準出力の棒グラフのまま使わないことです。よく使うからこそ、基本をここでしっかり覚えておきましょう。

エクセルの棒グラフは、標準出力のままでは見にくく、見映えもよくありません。また、インパクトがある**立体グラフ**なども、資料の中で悪目立ちするだけです。シンプルに見やすく加工することで、見映えもわかりやすさも格段に UP します。

よく使うからこそ覚えておきたい基本

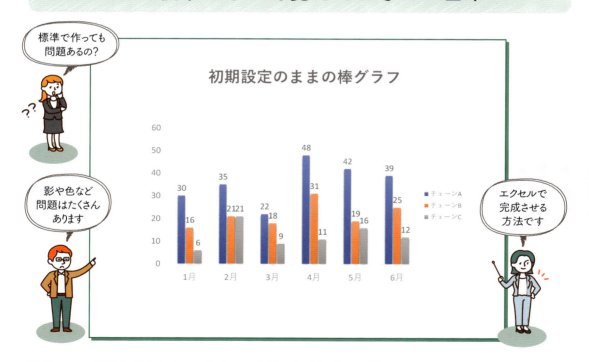

棒グラフの問題を直すときは、「データ系列の書式設定」を開きます。MS Office のバージョンにもよりますが、「影とグラデーション」「フォント」「棒の太さ」「補助線」「凡例」「周囲に枠線」などを気を付けながら直していきましょう。

エクセルのグラフを
きれいに張り付ける方法

レイアウトや文字サイズの自動変換を避けて貼り付けるには「形式を選択して貼り付け」で「図（拡張メタファイル/MacならPDF）」を選びます。ただし、このグラフは編集はできません。

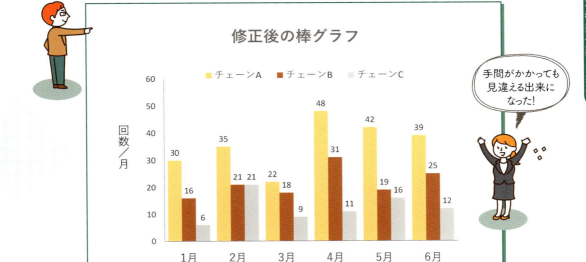

具体的な項目ごとの修正は上のスライドの通りで、修正すべき**ポイント**はいくつかあります。左ページのグラフもこれらのポイントを整理すると、上のようにすっきりとしたグラフになります。グラフの色を変えるときは、資料の基本カラーなどにそろえると**統一感**が生まれます。

KEYWORD → ☑ 凡例、コントラスト、ドーナツ型グラフ

15 エクセルで円グラフをデザインする

一見すると華やかで見栄えのよいPowerPointの初期設定の円グラフ。しかし、色や装飾が多すぎて、大切なデータの印象が薄まってしまうので、そのまま使うのはおすすめできません。必ず加工してページにふさわしいグラフにしましょう。

初期設定のままの円グラフには、様々な装飾が付いています。しかし、影やグラデーション、枠線など余計な装飾はできるだけなくしましょう。そうすればシンプルで見やすいグラフができあがります。

円グラフを見やすくするには

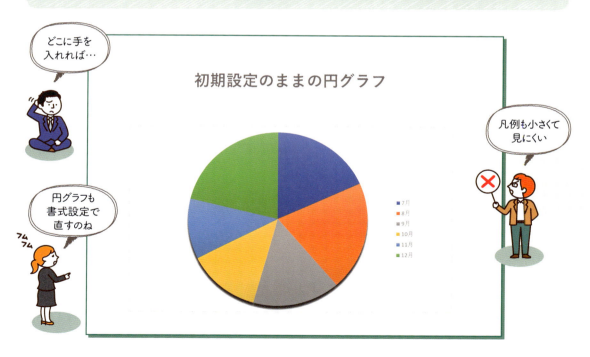

円グラフでは、**凡例**がグラフ外にあると、項目名とデータを対応させるのが難しくなります。凡例はグラフ内に入れるか、引き出し線を使って近くに配置します。また、重要なデータだけ目立つような色使いにするとよいでしょう。

凡例を中に入れるときは背景色と差をつける

凡例を中に入れるときは、背景色と**コントラスト**がはっきりした文字色を選びます。背景は濃い色のほうが見やすく、そのときの文字色は白だと非常に見やすいので覚えておきましょう。

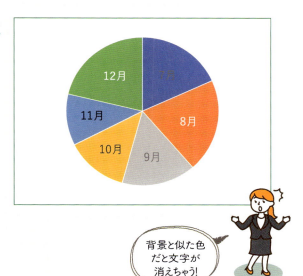

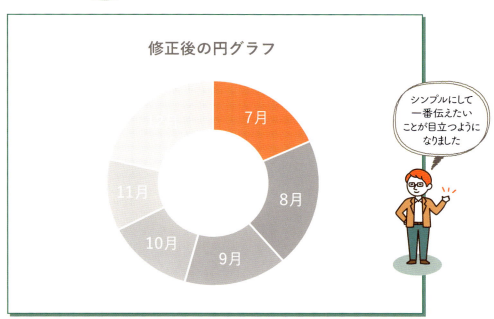

円グラフは、円の中心部に色がせめぎあって見にくくなりがちです。そのようなときは**ドーナツ型グラフ**がおすすめ。中央にはグラフタイトルなどを入れることもできます。隣り合う色同士が似た色で区別がつきにくいときは、境界に白い枠線をつけると見分けやすくなります。

KEYWORD → ☑ プロット、枠線と塗り

16 エクセルで折れ線グラフをデザインする

折れ線グラフの場合もエクセルで作るときの注意は他のグラフと同じで、そのまま使わないことです。しかし、折れ線グラフには棒グラフ・円グラフにはない、注意したい点がいくつかあります。

エクセルで作る折れ線グラフも他のグラフと同様に装飾が多すぎて、初期設定のものですら影やグラデーションがあり、そのままではプレゼン資料には向きません。「データ系列の書式設定」を開き、手動で直します。

理解しやすい折れ線グラフの作り方

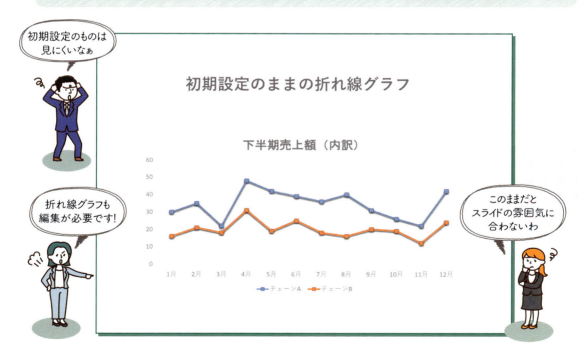

折れ線グラフは**プロット**に問題が山積みです。枠の「**枠線と塗り**」「影とグラデーション」「形状」を直し、そのほかにも、「軸線の色がうすく補助線が悪目立ちする」「フォントが見にくい」「凡例が遠い」なども修正。グラフの枠線を消して数字のサイズなども調整します。

どんなグラフも
デザインをコピペできる

同じデザインのグラフを複数作るときは1つだけ修正すればOK。そのグラフをコピーし、2つ目以降は「形式を選択して貼り付け」→「書式」とすると同じデザインになります。

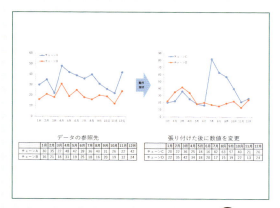

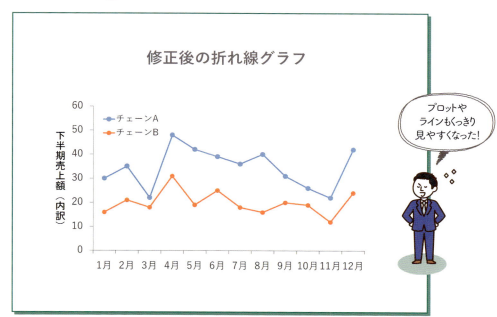

実は、グラフはPowerpoint上でもエクセルと同様に編集ができます。エクセルで作ったグラフをコピーしてPowerpoint上にそのまま貼り付ければ、データもそのまま移行され、データを編集することも可能。ただし、貼り付けて体裁が崩れた場合は手動で直す必要があります。

column 03

プレゼン資料作成のために
覚えておきたい！
プレゼン用語集

グラフ編

☑ **KEYWORD**

グラデーション

色や濃淡を連続した階調で表現するグラフィックデザインの手法のひとつ。より視覚的な効果を得ることができる。PowerPointの図形でも標準機能ではあるが、プレゼン資料を作成する際には過度な装飾といえる。

☑ **KEYWORD**

ターゲット

ビジネス用語としては商品販売などで目的とする購買層のことだが、プレゼンでは説得したい相手のことを指す。提案では顧客のターゲットを正確に捉え、その層への効果的な施策を提案することが大切になる。

03

☑KEYWORD

決裁者

発表者（プレゼンテーター）の案に最終的な採用・不採用の決定を下す人物のことを指す。プレゼンの場に直接参加するとは限らないが、最終決定の際には必ず資料に目を通すので決裁者に響く内容にする必要がある。

☑KEYWORD

無彩色

無彩色とは、色を使わずに黒と白だけで構成されていることやモノを指す。無彩色は興味を引く色ではないため、聞き手の注意を引くことはない。目立たせたくないオブジェクトに使うには最適。

☑KEYWORD

色覚特性

目の特性のひとつで、色の認識が一般的に思われているものと異なって見える特性。かつては「色盲」「色弱」とも呼ばれていた。世界にはおよそ2億5000万人もの人が色覚特性を持つと言われる。

☑KEYWORD

フォントの置換

フォントの置換とは、スライド内の特定のフォントを別の指定フォントに置き換えができる機能。やり方は、ホームボタン内の「フォントの置換」を選択し、指定のフォントを選び、置き換えを実行する。

KEYWORD

オブジェクトの選択

「shift」または「ctrl」キーを押しながら、複数のオブジェクトをクリックすること。他のオブジェクトと重なり合っているものは、「Tab」キーを押しながらクリックすると選択できる。

KEYWORD

クイックスタイル

スライド内のタイトルや見出しなどのフォントやカラー、装飾効果など、あらかじめ用意された特殊な書式のこと。複数の書式設定を設定せずに、テンプレートの中から選択できるが、過度な装飾が多いのが難点。

KEYWORD

図形の効果

図形の効果とは、塗りつぶしや影、ぼかしなどの図形に追加できる効果のこと。SmartArt 機能には多くの効果が標準掲載されているが、複数の効果を重ねているものが多く、過度な装飾になりがちなので避けたほうがベター。

KEYWORD

グラフの挿入

グラフの挿入とは、エクセルなどで作成した表や、ほかの文献などから引用してきた図表などをスライドへ挿入すること。引用元のファイルを削除・保存先の変更をすると正常に表示されなくなるため注意。

chapter
04

インパクトを出す
デザインのコツ

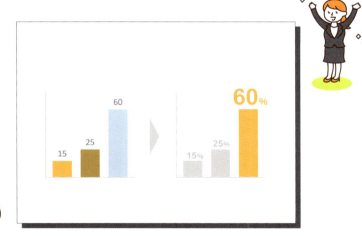

資料作りの基本的なルールを守っても
訴求力がなければ意味がありません。
メッセージが届く、インパクトが出せる方法を
身につけましょう。

KEYWORD ☑ 印象、特別

大事なネタに使う色を1色に決める

プレゼン資料として必要なのは、メッセージを確実に読み手に届けること。そのためには意識を分散させずに1点に集中するように導くことが大事です。そのためには、たくさんのページやスライド全体に色を使うよりも、目立つ色を1つに絞るほうが強く印象に残ります。

プレゼンの資料作成の基本として色の数を絞ることは前述した通りですが、より**印象**を強く残すための方法として使えるのが、大事なネタのときだけの1色を決めて、登場回数を絞ることです。何度も登場させずに、とっておきの場所で使うことで"**特別**"である印象を与えるのです。

シンプルな色合いの中に1か所は目立つ

明度も同じくらいの明るい色がたくさん使われていると、見る側はどれが重要なのかがわかりません。面積が大きい色に注目してしまったり、色の違いの意味を考えてしまったりして、内容が頭に入ってこなくなります。

標準の色と既定の色は避ける

PowerPointの標準の色は、彩度が高すぎるためこれらの色よりもやや落ち着いた色を選びます。また、既定の色（図形で最初に出てくる青）も手抜きの資料に見えるので注意。

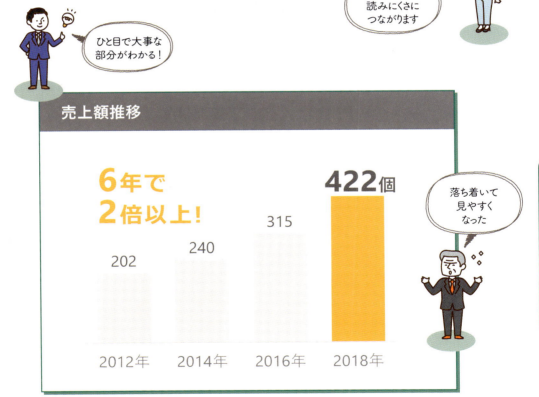

目立たせたいものだけ色を変えることで、なにが重要なのかひと目でわかるようになります。また、補足の役割であるフキダシで塗りを使うと必要以上に目立つので、使わないようにしましょう。主役がより目立つような色使いを心がけることが大切です。

KEYWORD ➡ ☑ 階層、濃淡、系統

02 色の濃淡で情報に序列をつける

基本となるメインカラーと強調カラー以外にも色を増やして差を表現したくなるときがあります。しかし、単純に新しい色を追加するとそれまでのページにも影響が出てしまいます。そこでマスターしたいのが濃淡を使う方法です。

情報をグループ化するなどして整理していると、**階層**の差分を表現したくなるときがあります。しかし、囲みや段差を使うと資料が見にくくなる要因に。色の**濃淡**を使う方法もあり、そうするとスライドもきれいに表現ができます。

色の濃淡で上下関係が表現できる

理解しやすい資料にするためにはグループ化が大事なのは前述の通り。しかし、グループ化のための囲みが多くなると、逆に見にくいので注意。また、テキストの階層をインデント（字下げ）で表現する方法もあまりおすすめできません。

138

テーマを使いこなして統一感のある資料に

文字の色、図形の色を選ぶときにPowerPointでは「テーマ」が表示されます。同じ**系統**の色が縦に並んでおり、これを使うと濃淡の差が表現できます。

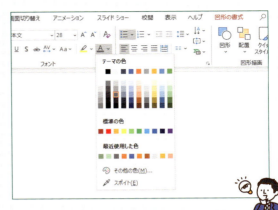

縦のグループで選べばいいのか！

濃淡で序列がはっきりします

色が濃い部分が重要なデータか！

上のように情報な情報以外を淡い色にすると、直感的に重要度がわかります。また、1つのグループの中で同系色の色を並べるときには、メインが一番濃い色で徐々に濃度が薄くなることで印象は弱まります。

KEYWORD ➡ ☑ テーマ、新規スライド

03 背景はシンプルにする

プレゼン資料作成の初心者がやりがちな失敗が、見栄えをよくしようとPowerPointのテンプレートで用意されている背景デザインを使用すること。一見おしゃれに見えますが、装飾も多く、内容と印象が合わないことが多いのです。

「簡単な内容だから背景くらいは……」と内容以外で見た目をよくしようと考えてやりがちな失敗は、派手な背景のある「**テーマ**」を選ぶこと。しかし実際には非常に使い勝手が悪く、派手な背景は文字を読みにくくしてしまいます。

背景は内容への集中を妨げることもある

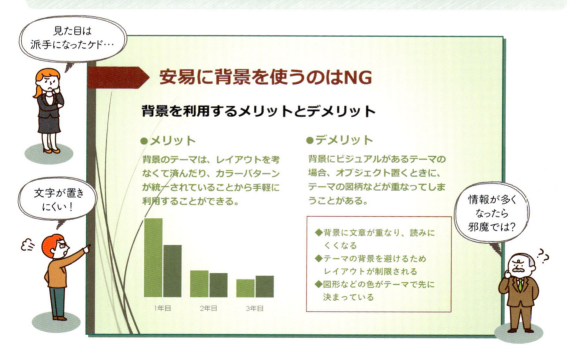

新規スライド作成を選ぶと、背景デザインが選べる選択ウィンドウが登場します。様々なデザインが表示されますが、選ぶべきは基本の「新しいプレゼンテーション」。文字と背景にはコントラストがあったほうが読みやすいので、文字が黒（グレー）、背景が白が基本です。

開くたびに表示される
テーマ一覧を消す方法

ファイルメニューから「オプション」の「簡単操作」を開いて「このアプリケーションの起動時にスタート画面を表示する」のチェックボックスをはずせば表示されないように。

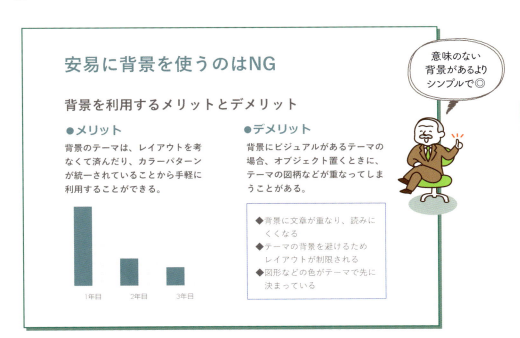

派手なテーマを使うより、自分でシンプルなデザインでスライドを作った方がよい印象を与えることができます。標準で用意されているだれもが知っているテーマを使うのは、できるだけ避けましょう。

KEYWORD → ☑ インパクト、キービジュアル、背景除去

04 写真は最大サイズにするとインパクト大

プレゼンの資料のポイントを押さえて作ると「まとまっているが大人しい」資料になりがちです。しかし、それでは相手の心に強い印象は残りません。資料としては見やすく、でも印象に残るためには、写真やイラストを効果的に使います。

写真やイラストを使って説明するページでは、主役となるものは大きく使って紹介しましょう。スライドデザインやカラーなど全体の統一ルールを守っていれば、ページの端まで大きく使ってかまいません。「文字を写真に載せる」ことで写真を全体に敷くことができます。

主役のビジュアルは最大サイズで注目度UP

上のように色や余白、文字の大きさなど読みやすくするルールが守られていても、**インパクト**の面ではまだまだ改善の余地があります。たとえば、写真についての説明があるのに、サイズが小さく写真を生かせていません。**キービジュアル**を資料の端まで配置してもいいでしょう。

写真に文字を載せる方法

写真に載せる文字も読みやすさが損なわれるのはNG。文字を袋文字や色文字にしたり、「色つきの枠で囲んでその上に載せる」などの工夫をして文字が読めるようにしましょう。

モナリザ

レオナルド・ダヴィンチが描いた女性の肖像画。**左右比**がまったく同じ顔で**完璧な美女**とされる

美女の代名詞

プレゼン資料で作成するページの中に写真やイラストがあれば、それを大きくすると印象的に仕上げることができます。イラストや**背景除去**ができる写真の場合は、背景をなくす（155ページ参照）ことで主役だけに意識を集中させることができます。

KEYWORD → ☑ フローチャート、誘導

05 フローチャートは目の動きを意識する

プレゼン資料では、過程や時系列を表す「フローチャート」がよく使われます。プレゼン中のキーメッセージになることも多く、見にくい・理解しにくいものだと読み手にも負担をかけ、マイナス評価につながってしまいます。

物事を順序立てて説明する際に「矢印」などで順番を示す**フローチャート**。しかし、矢印があっても自然な目の動きと、矢印の向きが異なると違和感を覚えます。人の目は上から下、左から右へと流れます。自然に目線を**誘導**できるフローチャートを作りましょう。

矢印や数字で無理矢理誘導しない

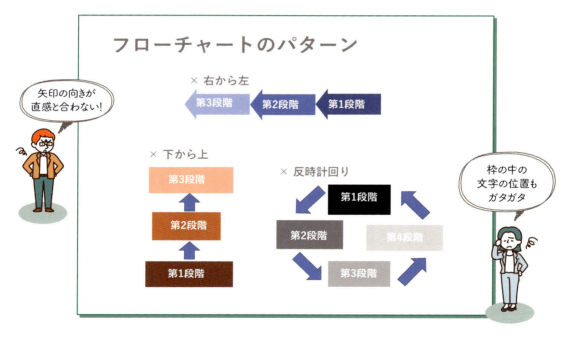

フローチャートで使用する矢印はあくまでも目の動きを補助するもので、主役はメッセージです。自然な目の流れと一致するように矢印の向きを決めましょう。また、大きすぎる矢印も不必要に目立つので避けます。

飾り矢印を使うより
線の矢印が◎

短い距離で矢印の形の図形を使うと、不格好になることがあります。そんなときは線の矢印を選ぶとよいでしょう。三角を使うのもおすすめ。ただし、正三角形は向きがわかりにくいことも。

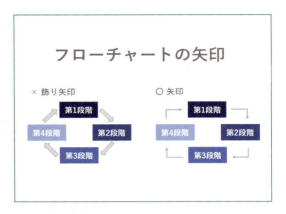

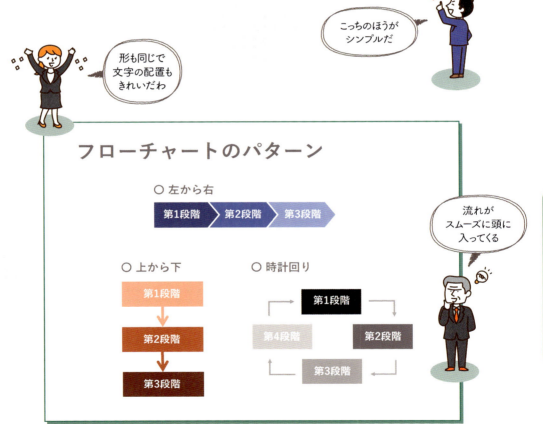

フローチャートで流れを示すときも、きちんと主張したい部分を目立たせる工夫をしましょう。色の濃淡を使ったり、色を一番主張したい箇所だけ変えるなど、色の使い方次第で目立たせる効果を何倍にも大きくすることができます。

KEYWORD ➡ ☑ **テイスト、違和感、ダウンロード**

06 イラストの テイストをそろえる

「文字ばかりの資料では面白みに欠ける」。そんなときにはイラストを使うのも1つの手です。しかし、希望通りのイラストが都合よく見つかるとは限りません。そんなときにいろいろな所から安易にイラストを取ってくるのはNGです。

わかりやすく、親しみやすい資料を作りたいとき、イラストを入れるのは効果的です。しかし、複数のイラストを使うときは注意。イラストレータごとの色使いや作風、いわゆる「**テイスト**」が異なると、大きな違和感が生じ、内容に集中できなくなってしまうのです。

イラストは、テイストをそろえる

上のように、家族に関する資料で、家族のイメージイラストを入れるのは良い方法です。しかし、イラストの絵柄や色使い、つまりテイストが違っていると**違和感**を持ってしまい、内容に集中できなくなってしまいます。

フリーイラストを
ネットで見つける

プレゼン資料はあくまで資料なのでイラストを発注していては高くつきます。そんなときは右の「いらすとや」のような無料で使用できるサイトから**ダウンロード**しましょう。

上記は左ページと同じ内容ですが、同じような色のイラストを上下で比較できるように配置。もちろん、家と家族のイラストのテイストも整えることで余計な違和感を抱かせないようになったので、内容に集中できるようになっています。

KEYWORD ➡ ☑ 見える化、理解度、月間スケジュール表

07 文字でわかりにくい情報は"見える化"する

プレゼン資料では多すぎる情報は避けるべきですが、どうしてもたくさんの情報を一度に見せなくてはいけないこともあります。そんなときは、ダラダラと情報を羅列するのではなく、情報を"見える化"することが重要です。

たとえば今後の具体的なスケジュールや、重要な数字などは、情報量が多くなっても1つにまとめて見せたいということがあります。とはいえ、箇条書きなどでズラズラと並びたてるのはNG。直感的に理解できるように、情報はわかりやすく"**見える化**"することを心がけましょう。

スケジュールは羅列よりスケジュール表に

こう文字ばかり並べられても…

20周年イベントスケジュール

7月21日～31日：イベント企画承認
7月26日～31日：記念品ラインアップ決定
8月 1日～ 4日：会場打合せ
8月 1日～ 5日：記念品手配　※数量確認
8月 1日～ 5日：パンフレット原稿確認
8月10日～13日：会場レイアウト確認・パンフレット・記念品発送
8月15日：記念品搬入・リハーサル
8月16日：イベント当日

伝わらないなら意味ナシ！

全体のスケジュールがイメージしにくい！

たとえば上記のように展示会までのスケジュールを提示するときも、文字を並べる形だとピンとこないものです。見やすいのは使い慣れているカレンダー形式か曜日までわかる予定表の形です。情報が正確に載っているだけの資料ではなく、**理解度**を深める工夫が大切です。

1ヵ月以内の予定なら月間スケジュールが◎

1ヵ月以内に終わる予定なら**月間スケジュール表**の形を選びましょう。普段から見慣れている形なので曜日・作業期間などが直感的に読み取れるからです。

情報を"見える化"するのは、見る側の負担を減らし、より情報を深く理解できるので非常に大切なこと。上記のスケジュール以外にも、手順などを示す「フローチャート」や割合を示す「円グラフ」、量の比較ができる「棒グラフ」など、見える化したほうがいい情報はたくさんあります。

KEYWORD ➡ ☑ フキダシ、数と形、グループ化

08 フキダシは見やすさを増す便利ツール

プレゼン資料はページ内にさまざまな補足情報を入れなくてはいけません。そこで便利なのが「フキダシ（吹き出し）」です。しかし、フキダシは多用したり変形していると、見た目を損なってしまい、かえってマイナスに働くので注意が必要です。

本編の文章やグラフ、結論メッセージなどに効果的に情報を補足できる**フキダシ**。しかし、その**数と形**には注意が必要です。大量のフキダシがあるとごちゃごちゃした印象になるほか、既存のフキダシを使うと、サイズ変更でフキダシの三角も不格好になり、見た目も悪くなってしまいます。

自作のフキダシで伝えたいことを強調

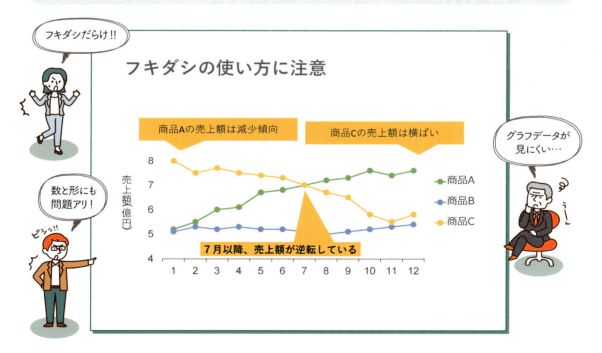

フキダシを使用する際は、守るべきルールがいくつかあります。文字やグラフなどを隠さないということは最低限の基本。その次に気をつけたいのが数で、多すぎるとメッセージが伝わりにくくなります。また、フキダシの色や形もきちんとデザインする必要があります。

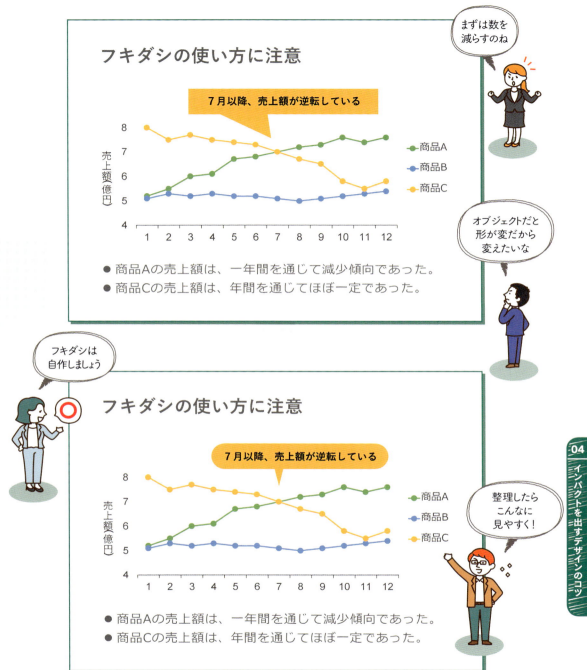

既存のフキダシは向きによって不格好になるので四角や三角の図形を**グループ化**して使います。その際、フキダシに入れる文字は枠内文字にせず、別に用意して載せたほうがきれいに仕上がります。

KEYWORD → ☑ ピクセル、データ

09 プレゼンで入れる写真の選び方

プレゼン資料では文字だけでなく、写真やイラストも使います。しかし、そのときは写真やイラストを拡大しすぎてボケてしまわないように注意。写真やイラストを使うときは、大きいものをきちんと用意しましょう。

プレゼン資料でメインビジュアルとして写真を入れる際には、写真の解像度に注意が必要です。前述の写真サイズと関わりますが、写真を大きく表示するときには、引き伸ばしたときにピンボケ写真にならないように気を付けましょう。

写真が悪いとページの見た目も台無しに

プレゼン資料で写真を大きく載せるのは正解ですが、小さいイメージ写真を無理に拡大しないようにしましょう。状況にもよりますが、大きく使う写真は、長辺が1000px（**ピクセル**）以上ある**データ**を用意します。

152

ピクセルサイズを簡単に調べる方法

ピクセル数をWindowsで調べる場合、写真を右クリックして「プロパティ」を選択し、「詳細」のタブをクリックします。〈イメージ〉欄に大きさがピクセル数で表示されています。

写真を大きく使ったスライドで、写真の解像度が不足していると、資料だけでなく、提案自体の印象も下げてしまいます。主役であるメッセージと内容が一致した、美しい写真を選ぶことが大切です。

KEYWORD → ☑ トリミング、加工、背景の削除

写真を加工して
見栄えをよくする

あえて撮影でもしない限り、プレゼン資料で使いたい内容にぴったりの写真というのはなかなか見つかりません。そこで使えるようになりたいのが写真の「加工」です。思い描いた形に近づけるためにもここに挙げる加工法は覚えておきましょう。

資料に配置する写真を探すとき、望み通りのものが見つかることはなかなかありません。満足できないまま使ったりと意外に苦労するものです。中でもよくある悩みが「邪魔なものが映っている」というもの。そんなときは**トリミング**などの**加工**機能を使うと解決します。

標準機能の加工機能で基本は十分

PowerPointには写真を希望の範囲だけ切り抜く「トリミング」という機能があります。使い方は簡単です。配置した画像をダブルクリックして「図の書式」にある「トリミング」ボタンを選択。各辺に表示される黒いバーを動かして残したい範囲を選び、画像の外をクリックするだけです。

154

ほかにも、写真の背景を削除する機能もあります。同じくダブルクリック後、画像を選択した状態で「**背景の削除**」を選択。削除範囲が紫色に表示されるので必要な部分を選択できたら「変更を保持」をクリックすれば、背景がきれいに消えてくれます。

KEYWORD → ☑ 工夫、下地

背景写真を使うときの注意点

プレゼン資料での写真の効果は絶大ですが、特にインパクトを出すために背景に写真を入れるときは注意が必要。文章が読みにくくなり、メッセージが伝わらなくなっては本末転倒です。

基本的に背景に写真を入れるのは、入れやすい写真が用意できたときに限ります。ノイズが多い写真や文字を置きにくい写真の場合、いくつかのデザイン的な**工夫**は可能ですが、根本的には読みにくいもの。しかも、応用的なデザイン知識が必要になります。

背景に写真を入れるときのポイント

背景写真に適しているのは、複数の色がないこと、文字を入れたい場所がきれいに空いていることなど、文字を置く場所があるのが条件。さらに、写真が大きく入ることにメリットがなければ、文字をどのように配置するのかが難しいので避けたほうが無難といえます。

タイトル文字ほど大きければ大丈夫ですが、写真がメインのページに細かい文字を入れる必要があるときは、写真と文字の場所を分けてしまうのがおすすめ。写真に文字を載せる場合ははっきりとした色の**下地**の上に置くのがいいでしょう。

KEYWORD ➡ ☑ インパクト、構図

写真を生かしてレイアウト

「百聞は一見に如かず」という慣用句にあるような、内容とぴったりの写真がある場合には、それを最大限うまく使って資料を作りたいもの。しかし、どんなに写真が良くても、写真と文字の配置には注意点があります。

インパクト重視で写真を大きく使うとき、伝えたいことと写真の**構図**に合わせて配置するのがポイントになります。写真の構図と使い方が合っていないと、せっかく写真が良かったとしても、そのメリットを生かしきれません。

写真の構図に合わせて配置を決める

写真を大きく使う方法として、縦に上下いっぱいに入れる方法、横全面に入れる方法などがありますが、写真の構図によって使い分けます。上の例は一見良く見えますが、ウリであるはずの大草原も目立っておらず、伝えたいことを伝えきれずに終わっています。

この例の場合、まずは写真を横全面に入れて、単調な色合いの空の部分に文字を置きましょう。次にウリである大平原をアピールするため、草原部分もスライドに入れるようにトリミングを変更。結果、写真の特徴を生かしたメッセージ性の強いスライドになります。

KEYWORD ➡ ☑ 図解、影響、階層

13 図解のパターンを理解する

プレゼンの資料作りに欠かせない図解ですが、配置により意味合いが異なってくることがあります。配置のやり方、いわゆる構図を理解すると、よりわかりやすいレイアウトになるのです。

図解は並び方によりさまざまな意味を持ちますが、それはふだんから無意識に感得しているもの。そのため、ルールを外れると人は違和感を覚えるので注意しましょう。図解が示す関係性には、「**影響**」「相互影響」「並列」「時系列」「**階層**」などのパターンがあります。

関係性を示す図解の基本パターン

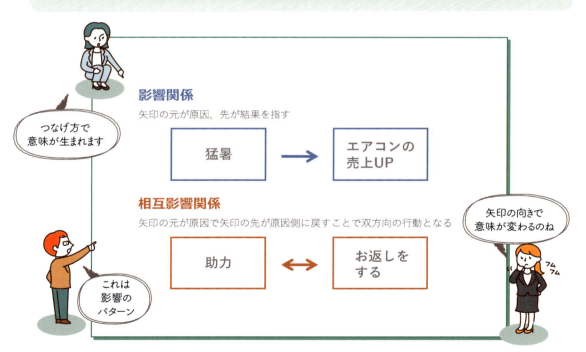

物事の関係性を示す形として一番多く使われるのは「影響」を示す構図です。これは「原因と結果」で使うパターンです。バリエーションとして、両方向の矢印で相互に影響をすることもあります。目線の流れと同じように、左から右、または上から下という形でよく使われます。

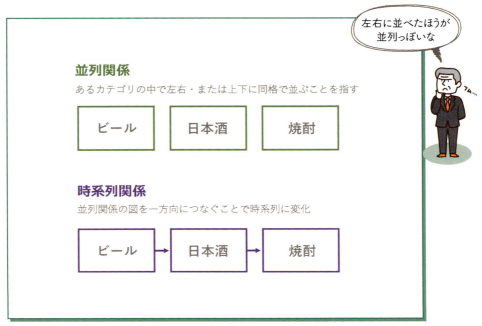

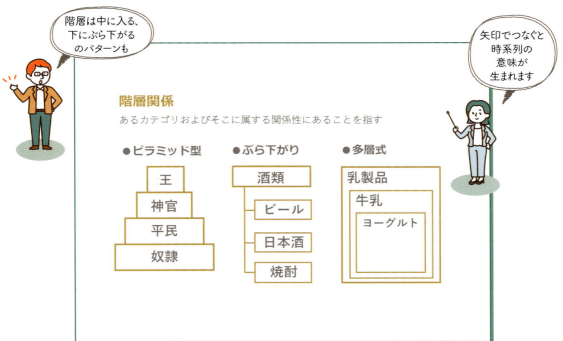

　配置のパターンには、横並びで「並列」、ピラミッド型などの「階層」など、それぞれの要素の立場を示す構図や、左から右、または上から下に流れる時系列、時系列の一種でループ型などもあります。これらのパターンを覚えれば、どんなときにどう並べればよいか悩むこともなくなります。

KEYWORD → ☑ キャプション、引き出し線、光彩、角度

14 引き出し線も見やすさを重視

図や写真などに説明を追加するときに引き出し線を使うことがよくあります。しかし、うまく配置できていなかったり、写真の上では見にくかったりしがちです。それを解決する、引き出し線の作り方のコツを学びましょう。

グラフなどでは、中に文字や数字が入っていても、それほど読みにくくなることはありません。しかし、イラストや写真の場合、上に文字を置くと読みにくくなることがあります。そのときは文字の色を変える方法もありますが、引き出し線を使って説明を外に置くのがおすすめです。

見やすい引き出し線の作り方

説明が必要な写真に補足説明が必要な場合、写真の下に文章で加える**キャプション**という方法もありますが、よりクローズアップして説明したいときには、**引き出し線**を使います。その際、引き出し線を太くしすぎると悪目立ちするので気をつけましょう。

引き出し線に
白いフチをつける方法

引き出し線を見やすくするには白フチを作ります。引き出し線を作った後、「図形の書式設定」の「効果」から「**光彩**」で白を選択。透明度を0%にし、サイズで白フチのサイズを調整します。

6ptくらいがバランス◎

説明の場所もきれいにそろえましょう!

■富士山パワースポット探索②

山中湖ハイキングコース

- 木々のマイナスイオンを感じながら歩く森林ハイキング。
- 適度な運動とさわやかな景色の相乗効果でリフレッシュ

充実した時間
＝満足感

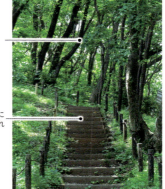

青々と茂る緑

きれいに整備された林道

どこを指しているか見やすいね

引き出し線を複数入れる際は、線の**角度**を統一するときれいに見えます。また、写真で強調したい部分を横断しないように注意。引き出し元を明確に示すときは、始点を表す丸をつけます。あくまで補助的なものなので目立ちすぎず、かつ見やすくを目指します。

KEYWORD → ☑ 結論、アペンディックス

15 詰め込みすぎなら ページを分ける

ある程度プレゼン資料に慣れてくるとやってしまいがちな失敗が、情報の詰め込みすぎです。構図や図形などを意図した通りに使えるようになると、ついたくさん詰め込みたくなり、気づけばぎゅうぎゅう詰めで読みにくくなってしまうのです。

詰め込みすぎのページを整理するにはどうすればよいのでしょうか？　「もう削るところがない」という状況ならば解決法は1つしかありません。1ページの内容を前半・後半に分け、2ページにわたって展開します。

情報量には適正量がある

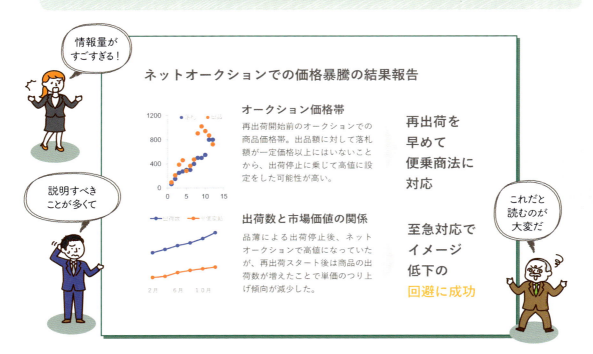

伝えるべき内容を吟味して言葉を絞り「だれが読んでも完璧にわかる」と思ったときにこそ、振り返って確認したいのが情報の詰め込みすぎです。1ページに**結論**が2つ以上になっていないか、図やグラフが3つ以上入っていないか、などを基準に見直してみましょう。

説明を2段階にできる場合がほとんど

詰め込みすぎの正体は、1ページで完結しようとして2つの結論が入り込んでいるため。根拠部分にも「根拠→結論」の要素がまとめられていないかチェックを！

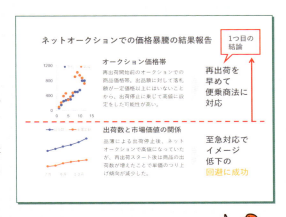

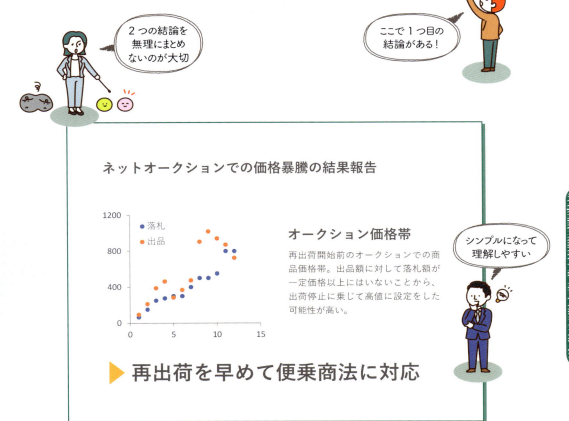

プレゼンの基本は1ページに結論は1つ。前提を説明しているブロックに「根拠→結論」の構図があるなら、前提を説明するページを作るべきです。それが1ページに満たない説明なら資料は**アペンディックス**に移動し、前提文を短くしましょう。

column

04

プレゼン資料作成のために
覚えておきたい！
プレゼン用語集

インパクト編

☑ KEYWORD

テーマ

テーマとは PowerPoint のスライドにおける色やフォント、背景に関する定義づけされたデザインのパターンのこと。スライドに表や図形を追加する場合、互換性のあるテーマを選択して適用することもできる。

☑ KEYWORD

ビジュアル

文字や数値以外のイラストや写真を指すが、図解などを含めることもある。絵や映像、図解など視覚的に相手へ強い印象を与えるもので、近年だと「インフォグラフィック」とも呼ばれている。

☑ KEYWORD

フローチャート

業務の補助や効率化のためにプロセスをステップごとに囲んだり、矢印を使って表す図式、および図式化した工程自体を指す。プロセスフローチャートやプロセスマップと呼ばれることもある。

☑ KEYWORD

テイスト

デザインやイラスト、写真などの作り手が生み出す作風のこと。作者ごとに違いがあるため多くを混合せず、個性を抑えたシンプルで統一感のある素材を使用するとよい。

☑ KEYWORD

ピクセル

画像を構成する最小の点をドットと呼び、これらに色情報が追加されたものをピクセルと呼ぶ。画像の「画素数」とはピクセル数を表したもので、この数が高いほど画質はよくなり、大きく表示することができる。

☑ KEYWORD

フキダシ

セリフなどを表現するときに使用するもの。プレゼンでも効果的に使用できる。楕円や四角などをはじめ多彩な形状がある。フキダシから「しっぽ」（フキダシ口）を伸ばすことで発言者や場所を特定することもできる。

04

☑ **KEYWORD**

スポイト機能

スポイトとは、選択したオブジェクトの色を抽出して、ほかのオブジェクトへその色を設定することのできる機能。この機能を使えば、写真の一部の色を文字や図形の色として使用することも可能。

☑ **KEYWORD**

裁ち落とし

出版・印刷用語の1つで、ページの端より多めにオブジェクトを配置し、紙の裁断の際に白い余白の部分を消すための方法を指す。転じて、ページの端までオブジェクトを配置するデザイン方法のことをこう呼ぶ。

☑ **KEYWORD**

スクリーンショット

スクリーンショットとは、表示中のパソコンのモニター画面を画像として保存すること。画像は、トリミングなどの加工が可能。作業工程の説明用のPC画面などをスライドに挿入したいときに有効。

☑ **KEYWORD**

トリミング

トリミングとは、背景を減らして対象を大きく表示するなど、画像の必要な部分だけを見せたいときに画像の一部分を省いたり切り取ること。PowerPointでも図の形式書式タブからトリミングを選択することで使用できる。

chapter
05

実践で資料作成力を身につける

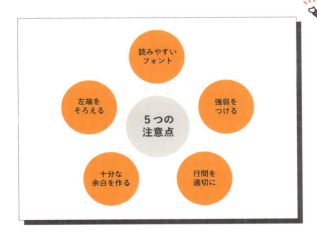

今まで身につけたテクニックを駆使し、
本番用の資料を作成してみましょう。
前までのあなたの資料とは
比較にならないほどの完成度になるはず！

KEYWORD → ✓ ルール、チェックポイント、アイコン

NG資料の5大あるある

ここまでに解説されてきた、たくさんのルールやテクニックの中で、特に資料作成で必ず守るべきルールは5つ。この5つを守るだけで、Powerpointで作るプレゼン資料は、格段に見やすく、完成度が高いものになります。

資料の基本的なミスとして多いのが「余白が足りない」「そろっていない」「フォントが適していない」「行間が狭すぎる」「強弱がついていない」の5つ。これは裏返すと、資料作りの際の基本**ルール**です。この5点は、自分の資料を見直すときの**チェックポイント**にもなります。

忘れてはいけない基本の5大注意点

ワードか何かの文章をそのまま貼り付け?

■プレゼン資料作成の5大注意点

【フォントが適していない】
プレゼンには、メイリオ、遊ゴシック、ヒラギノ角ゴシック。

【行間が狭すぎる】
文章の行間が詰まりすぎだと窮屈な印象に。0.5文字ぶんの余白を。

【余白が足りない】
資料の上下左右に余白をとります。図形と文字が近すぎるのもNGです。

【そろっていない】
要素(文字・図形)などをそろえて配置するのが資料の基本です。

【強弱がついていない】
重要度に合わせて文字の太さやサイズ、色を変える。

5つのルールに従って直していきましょう

まず最初は、文章の読みやすさです。判読性の高いフォントを使っているか、行間は適切かを確認しましょう。その次は余白。資料の上下左右、要素同士の余白がきちんと取れていると、資料にゆとりが生まれます。

アイコンを使うときは必然性を意識する

PowerPointの「**アイコン**」機能も形状が文章や図形と合っているか、入れたときに効果があるかを考えて使わないと、余分な要素（ノイズ）になるので注意しましょう。

プレゼン資料作成の5大注意点

 フォントが適していない
プレゼンには、メイリオ、遊ゴシッ

 行間が狭すぎる
文章の行間が詰まりすぎだと窮屈な

 余白が足りない

シンプルだけど見やすくなった

アイコンは意味なく使わない！

プレゼン資料作成の5大注意点

フォントが適していない
プレゼンには、メイリオ、遊ゴシック、ヒラギノ角ゴシック。

行間が狭すぎる
文章の行間が詰まりすぎだと窮屈な印象に。0.5文字ぶんの余白を。

余白が足りない
ページの上下左右に余白をとります。図形と文字が近すぎるのもNGです。

そろっていない
要素（文字・図形）などをそろえて配置するのが資料の基本です。

強弱がついていない
重要度に合わせて文字の太さやサイズ、色を変える。

修正したら見違えたなぁ

また、左端をそろえて配置してあるかも確認しましょう。ガタつかずにそろっているだけで印象は大きく変わります。最後は、重要な箇所や見出し、小見出しが目立っているか。強弱をつけることでメリハリのある資料になります。

KEYWORD → ☑ 統一、テイスト

02 レイアウトは繰り返すのが正解

プレゼン資料で忘れてはいけないのが、資料全体を通しての統一感です。テーマカラーが途中で変わるなどはもちろん避けます。デザインの統一性というのは非常に大切なのです。

資料を通じてデザインを**統一**するのは、前述の5つのデザインルールと同じくらい大切なもの。たとえ5つのルールを守っていても、ページをめくるたびにデザインがバラバラだと、読み手は違和感を持ってしまい、内容が頭に入ってこなくなるからです。

タイトルとデザインの様々なパターン

◎ **パターンを繰り返す**

すべてのページで
タイトルのデザインと本編のデザインは連動させ、それを繰り返すので、タイトルページのデザインは非常に重要になってきます。

デザインは統一
ここで指すデザインとは、タイトルデザインと同じように濃い色を上部に配置すること。テーマカラーもタイトルとそろえます。

それがルール
本編の構図が縦配置でも横配置でも、ページの基本デザインは同じ。上部のデザイン、余白、小見出しや本編の文字サイズなども統一。

デザインとは何を指すのでしょうか？　資料制作においては、カラー、ページの構図、小見出しや図形などが登場するパターンなどを総じて称します。よくある失敗は、ページによってテーマカラーや強調色が変わってしまったり、フォントや余白が変わってしまうなどです。

パターンを繰り返す

すべてのページで
タイトルのデザインと本編のデザインは連動させ、それを繰り返すので、タイトルページのデザインは非常に重要になってきます。

デザインは統一
ここで指すデザインとは、タイトルデザインと同じように濃い色を上部に配置すること。テーマカラーもタイトルとそろえます。

それがルール
本編の構図が縦配置でも横配置でも、ページの基本デザインは同じ。上部のデザイン、余白、小見出しや本編の文字サイズなども統一。

> 白地だとついいろいろ入れたくなるけど…

> シンプルな形も印象が残りやすい！

> 四辺を囲むとキッチリした印象だね

パターンを繰り返す

すべてのページで
タイトルのデザインと本編のデザインは連動させ、それを繰り返すので、タイトルページのデザインは非常に重要になってきます。

デザインは統一
ここで指すデザインとは、タイトルデザインと同じように濃い色を上部に配置すること。テーマカラーもタイトルとそろえます。

それがルール
本編の構図が縦配置でも横配置でも、ページの基本デザインは同じ。上部のデザイン、余白、小見出しや本編の文字サイズなども統一。

> きゅうくつにならないよう余白を十分に！

デザインを統一することは、読み手の集中力を切らせないだけではなく、資料自体がまとまっている印象を与えるので大事にしたいもの。また、気をつけたいのは、中面とタイトルの**テイスト**を合わせること。手堅い内容であれば、タイトルのデザインに遊びは必要ありません。

KEYWORD → ☑ ワイド画面、スライドのサイズ変更

03 スライドサイズの変更機能に注意する

PowerPointの新規スライドは16：9（ワイド画面）が表示されますが、A4横サイズの印刷や多くのプロジェクターに対応するのは4：3（標準）です。ワイド画面はPCでしか見ないときを除いて、避けましょう。

プロジェクターやPCで見る場合には比率が16：9の**ワイド画面**だと左右のスペースが多く、要素をたくさん配置できたり、写真を大きく使えたりします。しかし、現状では、プロジェクターがワイド画面非対応の場合も多く、4:3に変更しないといけないことがあります。

ワイド画面を標準サイズに変えるときの注意

画面のサイズ変更はデザインメニューの「**スライドのサイズ変更**」で変えられますが、「ワイド画面→標準」に変更する際はオプション画面の「サイズに合わせて調整」を選びます。「最大化」を選ぶのは左右の文字などが飛び出すため再配置し直すなど、調整が大変なので避けましょう。

174

サイズ変更後は画像の サイズを確認する

「サイズに合わせて調整」後に画像の左右比を直すには、右クリックして「図の書式設定」から「サイズ」「元のサイズを基準にする」を選び、縦横の倍率を同じにします。

スライドのサイズ変更では「標準→ワイド画面」も選べますが、16：9のモニターに表示したときに左右にスペースができるのを避けたい、という場合を除き、標準をワイド画面に変更する必要性はほとんどないでしょう。

KEYWORD → ☑ スライドマスター、レイアウト、マスターのレイアウト

04 スライドマスターの編集から プレゼン資料作りは始まる

プレゼン資料はフォントや文字の設定など統一が大切ですが、資料を作成した後にチェックして統一するのは非常に面倒です。PowerPointの機能にある「スライドマスター」を使えば、この手間から解放されます。

各ページの見出しや小見出し、本文テキストのボックスなど、繰り返し使う要素は、「**スライドマスター**」に書体や文字サイズなどの書式を登録しましょう。使いたいページの**レイアウト**を呼び出すだけで、さまざまな設定をする手間が省けます。

スライドマスターの作り方

「スライドマスター」にデザインを登録するにはまず表示メニューの「**マスターのレイアウト**」を選択。「スライドマスターの挿入」で新規セットを追加できます。最初のスライドマスターに入れたものはすべてのページに反映され、それ以外はそれぞれのパターンごとに設定できます。

スライドマスターの
データの呼び出し

登録したレイアウトを使うには、新規スライドのページサムネイルを右クリック。「レイアウト」を選ぶと登録済みのマスターが表示されるので、好きなものをクリックして選びます。

ページタイトルのデザインや、文字のサイズ、字間、行間、フォント、文字色などは、すべてスライドマスターで決めておきましょう。個別のページ作成の際には、書式の変更をしないのが基本。そうすることで全体を通じて統一された資料になります。

KEYWORD ➡ ☑ 文字のサイズ、強弱

05 表紙をデザインする

プレゼン資料の顔ともいえる表紙。プレゼンの主題であるタイトルがパッと目につくようにしなくてはいけません。その方法は中のページでの注意点と同じですが、よりタイトルが目立つことを意識して作りましょう。

タイトルは、最初に目にすることやテーマカラーが大きく使われることから非常に大切です。中のページデザインとタイトルページそろえるのは基本ですが、ページが作りにくくならないように中面を先に作り、タイトルを最後に作るという方法もあります。

主題がひと目でわかるデザインに

表紙に書くタイトルは、まず**文字のサイズ**を大きくし、**強弱**をつけます。背景に写真を配置する際は、タイトルの邪魔になるようなごちゃごちゃした画像や複数の写真は避けるようにしましょう。タイトルは一行の文字数が少ないので、行間を狭くすると締まった印象になります。

タイトルは行長もバランスよく

タイトルがサブタイトルを含めて2行以上あるときに、行が増えるごとに行長が徐々に長くなり続ける、または短くなり続けると、バランスが悪く見えます。

新税法による優遇税制を活用
**関東営業所社用車の
カーシェア一斉導入のご提案**

アカツカカーシェアリング　2019.10.1

改行したり
メイン以外を
小さくしてみて

長いタイトルが
すっきり見える
ようになった！

新税法による優遇税制を活用
**関東営業所社用車の
カーシェア一斉導入の
ご提案**

アカツカカーシェアリング　2019.10.1

タイトル自体を
印象づけられる
デザインが◎

行長がだんだん短くなっていく、または長くなっていくと単調さが目立ちます。こうなるとタイトルが魅力的に感じられないので、改行位置を調整できる場合には、行長にリズムが出るように改行を入れて調整していきましょう。

KEYWORD ➡ ☑ 視線の流れ、グループ化、誘導、番号

06 読む順番を意識したレイアウトに

言うまでもなく、プレゼン資料は伝えたい相手が読むものです。そのため、個々の項目だけでなく、ページ全体で読む流れを意識したレイアウトにする必要があります。またページごとに大きく読む順番が変わる資料は、読みにくい印象を与えてしまいます。

読む人の**視線の流れ**に合ったレイアウトは読み手の負担を軽減し、内容の理解を助けるものです。そのためには、読み手の視線を誘導するページレイアウトを心がけなくてはいけません。自然な流れを作るための手法として、**グループ化**や矢印での**誘導**なども併用するとよいでしょう。

人の目の流れは左から右、上から下

どの順に読むのか…

問題解決への3つの取り組み

書類の目視チェック削減
アプリケーション（文章校正ソフト）を導入することで人手を減らし、効率化を図ります。

予測支出
20万円（購入）

タクシー予約システム導入
地元タクシーと協力体制を作り、自宅送迎を完全外注化。電話問い合わせ業務を削減します。

予測支出（月）
保険外30万円

複数バス会社の運行表示
利用者から問い合わせの多い内容を従業員全員で共有し、都度の検索時間をなくします。

予測支出（月）
0万円

視線の流れを意識していない！

要素間の余白が変だわ

プレゼン資料は横置きレイアウトが多いため、基本は左から右、上から下へと視線は流れていきます。注意したいのが、複数の要素を並列で並べるときで、グループ分けをしていなかったり、要素同士の余白が不十分だと、作成者の意図と異なる順番で読んでしまうことがあります

問題解決への3つの取り組み

書類の目視チェック削減

アプリケーション(文章校正ソフト)を導入することで人手を減らし、効率化を図ります。

予測支出
20万円（購入）

タクシー予約システム導入

地元タクシーと協力体制を作り、自宅送迎を完全外注化。電話問い合わせ業務を削減します。

予測支出（月）
保険外30万円

複数バス会社の運行表示

利用者から問い合わせの多い内容を従業員全員で共有し、都度の検索時間をなくします。

予測支出（月）
0万円

問題解決への3つの取り組み

書類の目視チェック削減

アプリケーション（文章校正ソフト）を導入することで人手を減らし、効率化を図ります。

予測支出
20万円（購入）

タクシー予約システム導入

地元タクシーと協力体制を作り、自宅送迎を完全外注化。電話問合わせ業務を削減します。

予測支出（月）
保険外30万円

複数バス会社の運行表示

利用者から問い合わせの多い内容を従業員全員で共有し、都度の検索時間をなくします。

予測支出（月）
0万円

グループ化すればそのグループを読み、左から右へと視線は流れます。それでもわかりにくいときは**番号**で読む順番を誘導してもいいでしょう。ただし、できるだけ自然に、悩むことなく読めるレイアウトにしましょう。

KEYWORD → ☑ コントラスト、明度、パターン塗り

07 モノクロ印刷でも対応可能なデザイン

プロジェクターや大型モニターなどで行うプレゼンの場合、スライドはカラーなのが常識ですが、その後資料として使う際にはモノクロで印刷されることが少なくありません。白黒になっても読みやすい資料にしておけば、作り直す必要もなくなります。

モノクロ印刷で資料が読みにくくなる原因は「**コントラスト**」「明るさ（**明度**）」「装飾」が主な原因です。色分けされていたときには気づかなかった部分が、見にくくなってしまうのです。色覚バリアフリーを意識するとモノクロ（あるいはグレースケール）印刷にも対応できる資料が作れます。

モノクロでも読めるのがよい資料

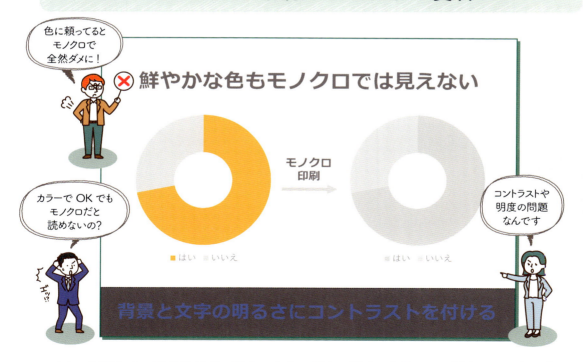

モノクロ印刷をする可能性が高い場合、文字は黒く、同時に背景がある場合はその色を薄くしたり、背景に画像を配置しないようにします。また、影付き文字などはぼやけるので避けましょう。グラフの色分けは明るさ（明度）に差をつけたり、境界に線を引くなどの方法をとります。

色覚バリアフリー化は モノクロ印刷にも対応

色覚のバリアフリー化のためにパターン（模様）を変えて塗ったり、明度を変えて塗り分けをしてある資料なら、モノクロ印刷にも対応できます。

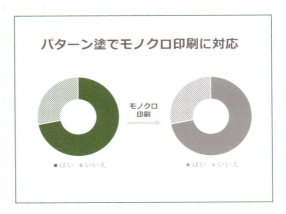

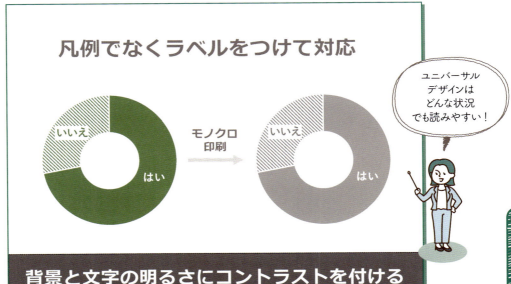

グラフのモノクロ対応は、ユニバーサルデザインの考え方と同じで、明るさ（明度）の差をつけたりコントラストを強くしたり、境界線を入れるといった手法のほか、ベタ塗りで差をつけるのではなく**パターン塗り**（模様）で区別をつける方法があります。

column

05

プレゼン資料作成のために
覚えておきたい！
プレゼン用語集

実践編

☑ KEYWORD

アイコン

特定の商品や物事、行為などをわかりやすくシンボル化した小さな絵記号のことを指す。PC のアプリケーションのアイコンもその一種で、プログラムの内容を表すようなデザインをしているものが多い。

☑ KEYWORD

ですます調

口語の文体のひとつで、文末を「です」「ます」などの丁寧語で統一する様式。聞き手に丁寧な印象を与えるため、文書、手紙で使われることが多い。「〜だ」「〜である」で統一する「である調」としばしば対比される。

✓ KEYWORD

マスター

「元」「原型」の意味を指し、PowerPoint ではフォーマットのテンプレートのことなどを指す。マスターを変更することで変更された書式の設定は、その他すべてのスライドにも自動的に反映される。

✓ KEYWORD

モノクロ印刷（グレースケール印刷）

4色印刷のK（スミ）のみを使用して印刷すること。濃淡でグラデーションなども再現できる。よく対比されるグレースケールは白から黒までの256階調を明暗で表現するもので、グラデーションも非常に滑らか。

✓ KEYWORD

コントラスト

画像などにおける色や明るさ、形などの違いのこと。明暗の差が大きく視認性が高いときはコントラストが高い、または大きいと表現され、逆に明暗の差がなく見えにくいものはコントラストが低い、小さいと表現される。

✓ KEYWORD

明度

「色の三属性」のひとつ。色自体の明るさのことを指す。色は明度が高くなるにつれて白に近くなっていき、低くなるにつれて黒に近づいていく。元の色が同じでも明度が変わることで違う色へと変化する。

05

✓KEYWORD

書式のコピー

オブジェクトに設定されている色やフォントなどの書式を、ほかのオブジェクト
へ適用すること。ホームタブの「書式のコピー / 貼り付け」を選択することで、
簡単に書式のコピーを行うことができる。

✓KEYWORD

図の効果

オブジェクトに対して影・反射・光彩・ぼかし・3-D 書式・3-D 回転・アー
ト効果といった効果を設定すること。PowerPoint では図ツールから書式タ
ブの図のスタイル、「図の効果」を選択することで調整することが可能。

✓KEYWORD

セクション

セクションとは、スライドごとに用紙サイズが違うページに設定したり、スライド
の一部を段組みにしたりするときに使うもの。ページレイアウトタブの区切りボ
タンから「セクション区切り」設定をすることができる。

✓KEYWORD

プレゼンテーションの表示

作成したプレゼンテーションをモニター等でスライドショーとして表示する機能。
別途発表者ビューを選択することで、次のスライドが表示されるほか、独自に
入力していたメモの表示なども行われる。

掲載用語索引

欧文

BIZ UD フォント	78
UD	70,108
UD フォント	71
Windows	78
Z 型	53

あ

アイコン	171,184
空きスペース	28
アニメーション	47
アニメーション効果	30
アペンディックス	14,48,165
色数	36,94
色使い	38
違和感	146
印刷資料	31
印象	136
インデント	59,88
インデントと行間幅	98
インパクト	142,158
内訳	119
影響	160
欧文フォント	112
オブジェクト	94,97
オブジェクト機能	92
オブジェクトの位置	98
オブジェクトのグループ化	98
オブジェクトの順序	48
オブジェクトの選択	134

か

改行	68
階層	138,160
角度	163
加工	154
囲み	72
飾り文字	44
箇条書き	88
数と形	150
下線	86
ガタつき	95
カラー	113
関係性	64,90,122
キービジュアル	142
キーメッセージ	56,73,103
記号	86
キャプション	162
強弱	178
行間	66
行長	68
クイックスタイル	134
工夫	156
グラデーション	132
グラフ	40,102
グラフの挿入	134
グリッド	96
グリッド線	62

187

グリッドとガイド	98
グループ化	64,88,151,180
系統	139
月間スケジュール表	149
決裁者	133
結論	21,164
現状分析	24
光彩	163
構図	158
項目数	115
項目名	116
ゴシック体	42,74
小見出し	58
根拠	21,26
コントラスト	39,129,182,185

さ

散布図	122
視覚的	114
字間	66
色覚特性	38,108,133
施策	47
視線の流れ	180
下地	157
実数	118
字面	43
写真	40
斜体	81
重要度	82
詳細データ	16
使用カラー	34

情報量	18
書式設定	123
書式のコピー	186
書体	42,47
新規スライド	140
推移	120
数値	100
図解	90,97,160
スクリーンショット	168
図形の効果	134
ストーリー	22,46,50
図の効果	186
スポイト機能	36,168
スライド	47
スライドのサイズ変更	174
スライド・ブリッジ	14
スライドマスター	176
ズレ	62
整理	18
セクション	186
ソリューション	48

た

ターゲット	132
ダウンロード	147
楕円	73
裁ち落とし	168
単位	112
単純化	40
チェックポイント	170
注目ポイント	110

テイスト	146,167,173
データ	152
テーマ	140,166
デザイン	19
ですます調	184
デメリット	30
テンポ	23
統一	172
統一感	34,127
ドーナツ型グラフ	129
特別	136
トリミング	154,168

な

流れ	50
波線	86
塗り	92,105
ノイズ	28
濃淡	105,138

は

背景除去	143
背景の削除	155
配置	125
破線	108
パターン塗り	183
発表者	52
番号	181
凡例	128
比較基準	124
引き出し線	162

ピクセル	152,167
ビジュアル	13,54,166
左ぞろえ	62
表	40,100
ヒラギノ角ゴシック	76
フォント	70
フォントサイズ	113
フォントの置換	133
袋文字	45
フキダシ	150,167
太字	80
ブリッジ・スライド	48
プレゼン	46
プレゼン資料	12
プレゼンテーションの表示	186
フローチャート	144,167
プロット	120,130
分散	27
変化	110,122
変形	44,84
変動	120
ポイント	127
ポジショニング	124
補助線	106
補足	17
本編	14

ま

マイナスイメージ	22
マイナス評価	26
マスター	185

マスターのレイアウト	176
見える化	148
右端	63
明朝体	42,74
無彩色	133
明度	109,182,185
メイリオ	43,76
メッセージ	20
目盛線	104
文字組み	97
文字サイズ	32,82
文字数	116
文字のサイズ	178
文字の太さ	32
モノクロ印刷（グレースケール印刷）	185
模様	108
問題提起	24

や

矢印	84,110
優位性	124
游ゴシック	76
誘導	144,180
ユニバーサルデザイン	70,97
余白	60

ら

理解度	148
立体化	106
立体グラフ	126

量的な差	114
リンク	17
ルール	170
レイアウト	50,96,176
ロジック	25

わ

ワイド画面	174
枠線	92,105
枠線と塗り	130
和文	74
割合	118

主要参考文献

伝わるデザインの基本 増補改訂版
よい資料を作るためのレイアウトのルール
高橋 佑磨、片山 なつ　著（技術評論社）

PowerPoint 資料作成 プロフェッショナルの大原則
松上 純一郎　著（技術評論社）

プレゼン資料のデザイン図鑑
前田 鎌利　著（ダイヤモンド社）

社外プレゼンの資料作成術
前田 鎌利　著（ダイヤモンド社）

社内プレゼンの資料作成術
前田 鎌利　著（ダイヤモンド社）

一生使える 見やすい資料のデザイン入門
森重 湧太　著（インプレス）

一生使える プレゼン上手の資料作成入門
岸 啓介　著（インプレス）

いちばんやさしい資料作成＆プレゼンの教本
人気講師が教える「人の心をつかむプレゼン」のすべて
（「いちばんやさしい教本」シリーズ）
髙橋惠一郎　著（インプレス）

「伝わるデザイン」PowerPoint 資料作成術
渡辺 克之　著（ソーテック社）

「伝わる資料」PowerPoint 企画書デザイン
渡辺 克之　著（ソーテック社）

※本書のスライド制作には主に
　Microsoft PowerPoint Office 365
　が使用されています。

監修

高橋佑磨（たかはし　ゆうま）

1983年、東京都武蔵野市生まれ。2010年、筑波大学大学院生命環境科学研究科修了、博士（理学）。現在は、千葉大学大学院理学研究院助教。昆虫をはじめさまざまな生物を対象に生物の多様性や進化を研究。研究発表の資料作成に必要なデザインのノウハウを普及することを目的にウェブページ「伝わるデザイン｜研究発表のユニバーサルデザイン」を開設・運営。著書（共著：片山なつ）に『伝わるデザインの基本 増補改訂版 よい資料を作るためのレイアウトのルール』がある。

片山なつ（かたやま　なつ）

1983年、京都府宮津市生まれ。2012年、金沢大学自然科学研究科修了、博士（理学）。現在は千葉大学にて水生植物の進化・多様化機構を研究。2010年、ウェブページ「伝わるデザイン｜研究発表のユニバーサルデザイン」を開設。以降執筆・講演活動も行う。2017年「オフィス伝わる」の運営を開始。著書は同上。

STAFF

編集	木村伸司、土屋萌美、千田伸之輔（株式会社 G.B.）
執筆	村沢 譲
本文・カバーイラスト	フクイサチヨ
カバー・本文デザイン	別府 拓（Q.design）
DTP	くぬぎ太郎、野口暁絵（株式会社 TARO WORKS）

ゼロから身について一生使える！
プレゼン資料作成見るだけノート

2019年8月14日　第1刷発行

監修　　　高橋佑磨、片山なつ

発行人　　蓮見清一
発行所　　株式会社 宝島社
　　　　　〒102-8388
　　　　　東京都千代田区一番町25番地
　　　　　電話　編集：03-3239-0928
　　　　　　　　営業：03-3234-4621
　　　　　https://tkj.jp

印刷・製本　株式会社リーブルテック

本書の無断転載・複製を禁じます。
乱丁・落丁本はお取り替えいたします。
©Yuma Takahashi, Natsu Katayama 2019
Printed in Japan
ISBN978-4-8002-9613-9